LA ENFERMERÍA Y SU ROL EN LA EDUCACIÓN PARA LA SALUD

Liliana Ponti

La enfermería y su rol en la educación para la salud

Colección UAI – Investigación

UAI EDITORIAL

teseo

Ponti, Liliana
La enfermería y su rol en la educación para la salud / Liliana Ponti. –
1a ed . – Ciudad Autónoma de Buenos Aires : Teseo ; Ciudad Autónoma de Buenos Aires : Universidad Abierta Interamericana, 2016.
136 p. ; 20 x 13 cm. – (UAI – Investigación)
ISBN 978-987-723-074-1
1. Educación. 2. Salud. 3. Personal de Enfermería. I. Título.
CDD 610.73

Teseo – UAI. Colección UAI – Investigación

Buenos Aires, Argentina

Editorial Teseo

Hecho el depósito que previene la ley 11.723

Para sugerencias o comentarios acerca del contenido de esta obra,
escríbanos a: **info@editorialteseo.com**

www.editorialteseo.com

ISBN: 9789877230741

Autoridades

Comité editorial

Índice

Presentación

La Universidad Abierta Interamericana ha planteado desde su fundación en el año 1995 una filosofía institucional en la que la enseñanza de nivel superior se encuentra integrada estrechamente con actividades de extensión y compromiso con la comunidad, y con la generación de conocimientos que contribuyan al desarrollo de la sociedad, en un marco de apertura y pluralismo de ideas.

En este escenario, la Universidad ha decidido emprender junto a la editorial Teseo una política de publicación de libros con el fin de promover la difusión de los resultados de investigación de los trabajos realizados por sus docentes e investigadores y, a través de ellos, contribuir al debate académico y al tratamiento de problemas relevantes y actuales.

La *colección investigación* TESEO – UAI abarca las distintas áreas del conocimiento, acorde a la diversidad de carreras de grado y posgrado dictadas por la institución académica en sus diferentes sedes territoriales y a partir de sus líneas estratégicas de investigación, que se extiende desde las ciencias médicas y de la salud, pasando por la tecnología informática, hasta las ciencias sociales y humanidades.

El modelo o formato de publicación y difusión elegido para esta colección merece ser destacado por posibilitar un acceso universal a sus contenidos. Además de la modalidad tradicional impresa comercializada en librerías seleccionadas y por nuevos sistemas globales de impresión y envío pago por demanda en distintos continentes, la UAI adhiere a la red internacional de acceso abierto para el conocimiento científico y a lo dispuesto por la Ley n°:

26.899 sobre *Repositorios digitales institucionales de acceso abierto en ciencia y tecnología,* sancionada por el Honorable Congreso de la Nación Argentina el 13 de noviembre de 2013, poniendo a disposición del público en forma libre y gratuita la versión digital de sus producciones en el sitio web de la Universidad.

Con esta iniciativa la Universidad Abierta Interamericana ratifica su compromiso con una educación superior que busca en forma constante mejorar su calidad y contribuir al desarrollo de la comunidad nacional e internacional en la que se encuentra inserta.

Dra. Ariadna Guaglianone
Secretaría de Investigación
Universidad Abierta Interamericana

Introducción

La evolución de la enfermería desde la época de Florence Nightingale ha sido larga, dura y desigual, sin embargo, esta profesión está comenzando a establecerse por sí misma con un cuerpo propio. Los intentos de Florence Nightingale por establecer una profesión basada en el contexto y la promoción para la salud están volviendo a resurgir como el ave Fénix, adquiriendo mayor experiencia, seguridad y aceptando un significado distinto a su rol. El rol de enfermería es uno de los temas que preocupan al personal de las instituciones de salud, como también a los docentes de enfermería.

La falta de identificación a este rol genera dificultades para brindar el cuidado al sujeto de la atención y a su familia. La situación económica y laboral, en el ámbito asistencial, nos muestra la realidad. Las mismas actividades son realizadas por enfermeros que sólo han cursado nueve meses de estudios formados para propiciar la higiene y el confort del sujeto de la atención, como por aquellos que han cursado de dos años y medio a cuatro.

Investigaciones actuales (Wairmenan, 1998) muestran la descalificación que sufre enfermería, no sólo en el ámbito económico sino también ante la diversidad de planes de formación (Auxiliar, Enfermería Profesional y Licenciatura en Enfermería).

Vale destacar que esta profesión no sólo se encuentra descalificada por su situación laboral, económica y por su nivel de formación, sino también porque su rol no está claro en el ámbito del sistema formador. En la actualidad, la ley vigente 24.004 (que deroga el artículo 58.961 de la ley 17.132), reglamentada por el decreto 2497/93, plantea que el ejercicio de la enfermería comprende dos roles distintos: por un lado, el asistencial, que abarca las funciones de formación, recuperación y rehabilitación de la salud, así como la prevención de las enfermedades; por otro lado, el rol, de tanta trascendencia como el anterior, relacionado con la docencia, investigación y asesoramiento sobre temas de su incumbencia y a su vez la administración de los servicios, reconociendo dos niveles:

a) Profesional; que abarca enfermeros profesionales y licenciados en enfermería.

b) No profesional; que comprende a los auxiliares.

El análisis de la currícula de las escuelas de enfermería (que por su historia se han basado en el modelo médico-biologista) indica el objetivo de formar un personal para cubrir las necesidades institucionales y no para realizar el cuidado, tan destacado por Florence Nightingale. Ella señalaba que el mismo debía basarse en el ambiente que rodea al paciente, sus necesidades y su observación, defendiendo la relación enfermera-paciente, separando a la enfermería de la medicina e indicando los rumbos que esta debía tomar en la educación. Pero, lamentablemente, esta definición fue olvidada y la evolución de enfermería cambió sus directrices, colocándosela subordinada a la medicina, sin identidad propia.

El desarrollo teórico, planteado en esta investigación, está sostenido en la teoría de que enfermería está compuesta por un campo disciplinar y otro profesional. Se la considera disciplina porque es un cuerpo de conocimientos que evolucionó de manera independiente e interpretó los fenómenos de su competencia: el cuidado y la salud; y como una profesión porque se interesa en las actividades que desarrollan y canalizan en las prácticas, para lograr la promoción, el mejoramiento de la salud y el bienestar de los seres humanos.

La cuestión de la existencia de un cuerpo sustantivo de saberes, generó y aún genera controversia sobre el mismo. Pero entendemos a través de esta investigación que las disciplinas profesionales representan a las ciencias aplicadas más que a las ciencias puras, ya que están dedicadas a la aplicación del conocimiento con el fin de lograr utilidad social.

Por otra parte, partimos del supuesto de que la preocupación de los sistemas formadores estuvieron depositados, casi exclusivamente, en el sujeto que aprende. Dicho de otro modo, las demandas de conocer y mejorar el rol de enfermería se basaron más en la comprensión de los educandos que en los procesos para lograrlos.

Esta investigación aborda una de las incumbencias de la profesión que es la educación para la salud en el sujeto de la atención. Si bien existen muchas definiciones de la misma, en esta tesis se la define como "la suma de experiencias que modifican favorablemente hábitos, actitudes y los conocimientos relacionados con la salud individual y comunitaria" (Ferrara, 1983: 12).

En su sentido más amplio se deduce que una de las funciones del equipo de salud es educar y que la educación para la salud es uno de los pilares para modificar hábitos no deseables en los sujetos de la atención. Nos posicionamos a partir de esta definición porque el objeto de este estudio es observar si se ofrece o se dificulta la apropiación del rol educador en el enfermero dentro del sistema formador de esa escuela. Jean Watson, en su teoría sobre Filosofía y ciencia de la asistencia plantea el objetivo de autocuración y autoasistencia entre sus principales conceptos y disfunciones: la promoción de la enseñanza y aprendizaje interpersonal. Esta investigación aborda el concepto de educación para la salud y/o autocuidado. A través de este pensamiento y a partir de la teoría de Watson se plantea que enseñando al sujeto de la atención los cambios personales se logrará promocionar su salud, teniendo en cuenta que el contexto, la situación psicológica, la capacidad de afrontamiento y adaptación para lograr este objetivo es individual y libre del ser.

La palabra *apropiación* deriva etimológicamente del latín (*appropiare*), que significa "hacer propios" los valores, tomar, apoderarse de alguna cosa. Las actividades de enseñanza inducen paulatinamente a modos de conductas y actitudes que se adquieren junto al proceso de socialización. Gimeno Sacristán, en su libro *La enseñanza, su teoría y su práctica* plantea que esa socialización no solo comienza en la familia y en los grupos sociales sino también en los sistemas formadores, que son los que permiten los cambios de conductas y facilitan la apropiación de los conceptos para que esto ocurra.

Para comprender este proceso hay que tener en claro el objetivo básico y prioritario, que es preparar al futuro profesional para su incorporación en el mundo del trabajo con claridad sobre su profesionalismo.

Para volver a ubicarnos en el objeto de este estudio, cabe aclarar que la dificultad de apropiación puede estar planteada desde distintos ángulos:

1. En el sistema formador, desde donde se posiciona esta investigación.
2. En el ámbito asistencial, que generalmente ubica al enfermero como un producto acabado que debe adaptarse a las necesidades de la institución.
3. En una decisión del graduado, que es quien decide no asumir la educación como parte del rol de enfermería.

Desde esta reflexión nos ubicamos en el supuesto hipotético de que la problemática nace en la historia de la currícula de las escuelas de enfermería.

Estas han sido orientadas por el modelo médico, utilizado por los docentes en las enseñanzas y en las tradiciones que influenciaron tanto el rol como los sistemas formadores, lo cual reforzó las dificultades.

El proceso que transitó el objeto de estudio en esta tesis se apoya en las propias preocupaciones que, como refiere Guber en *El salvaje metropolitano*: "no basta explicar un hecho singular subsumiéndole bajo abstracciones, es necesario explicar su singularidad concretamente" (Guber, 1991: 52).

Para explicar dicha singularidad, la trayectoria fue larga, ya que comenzó con una dificultad sentida que vivenció la investigadora en su actividad laboral. Dificultad que nació del análisis de la institución en que trabajaba, puesto que disponía de recursos humanos y económicos necesarios para poner en práctica todos los denominados programas de educación para el alta (estandarizados por la institución). El objeto de estos programas era disminuir la interacción del sujeto de la atención, detectándose que estos no llegaban a cumplir su objetivo.

Se observó así que la educación o información daba como resultado que el sujeto de la atención y su grupo familiar recurrían a otro profesional para que le explicara nuevamente la secuencia de su cuidado en el domicilio.

El interés para determinar dónde se encontraba la fractura del rol educador en la formación del enfermero nos inclinó a deslizarnos hacia el sistema formador, partiendo del supuesto hipotético que la falta de apropiación del rol educador reside en el ámbito de formación y no solo en los sectores laborales que pueden o no dar importancia a la educación para la salud, durante la internación o en el alta clínica.

En un principio se planteó estudiar tres escuelas de enfermería de la ciudad de Rosario, dos de formación terciaria y otra de formación universitaria. Siendo consciente de la magnitud del trabajo de campo se acotó a una sola escuela de nivel terciario por ser ambas dependientes del mismo plan de estudio (decreto ley 35/69); descartándose la escuela de nivel universitario por el hecho de poder ser objetada, ya que la investigadora es una ex alumna de dicha escuela y el proceso de objetivación de los fenómenos observados podrían verse dificultados.

Con este trabajo pretendemos generar un conocimiento que se constituya como insumo para el diseño de estrategias educativas con el fin de contribuir a la transformación del perfil actual del egresado.

El objetivo de esta investigación consiste en identificar si existen factores que favorezcan o factores que obstaculicen la apropiación de los aspectos vinculados a la educación para la salud como práctica inherente a su profesión, en el marco del proceso educativo correspondiente al pregrado de una escuela de enfermería.

Para ello nos hemos propuesto analizar, en el curriculum de una escuela de enfermería del sector oficial dependiente (decreto ley 35/69), los siguientes ejes:

1. Plan de estudios: si existe, en su marco conceptual, la definición de enfermería y si en esta se incluye el concepto de educación para la salud y/o el concepto de educación para el autocuidado.
2. Programas de las materias troncales de enfermería: tiempo y espacio dedicado al concepto de educación para la salud y/o educación para el autocuidado.
3. Objetivos de las materias troncales de enfermería: si existe en ellos la educación para la salud y/o el concepto de educación para el autocuidado.

4. Contenido de las materias troncales de enfermería: si existen en ellos la educación para la salud y/o el concepto de educación para el autocuidado.

5. Actividades de enseñanza: si se favorece con ellas la apropiación del rol educador.

6. Evaluación de los aspectos relativos a la aplicación del concepto de educación para la salud y/o del concepto de educación para el autocuidado en la situación concreta de las prácticas clínicas y en los momentos de actividades en el aula.

7. Apropiación del rol educador: si se logra que el alumno haga propio el concepto de educación para la salud y/o el de educación para el autocuidado y si detecta las necesidades de aprendizaje en el sujeto de atención para favorecer el cambio de conductas.

Para facilitar la lectura y la comprensión se ha dividido el trabajo en distintas etapas. En la Introducción justificamos nuestro objeto de estudio y nuestro propósito, puntualizando los objetivos que nos guiaron. Luego se explicita el marco teórico desde donde nos situamos y el estado de arte que tomamos como referencia. Sigue el apartado de Materiales y métodos, donde ubicamos los fundamentos metodológicos, los instrumentos utilizados y el tratamiento de la información recogida. En el último apartado se explicita el proceso y resultado del trabajo de campo, con conclusiones parciales en cada una de las etapas. Finalmente, se desarrollan conclusiones generales y algunos criterios para el diseño de estrategias que contribuyan a la transformación del perfil del egresado.

1

La evolución de la enfermería

A la enfermería se le ha denominado la más antigua de las artes y la más joven de las profesiones. Ha atravesado numerosas etapas y ha formado parte de los movimientos sociales.

Como disciplina y como profesión tiene como sujeto de atención el hombre, la familia y la comunidad. Su rol y las tendencias de cuidados de salud son y fueron influenciados por los cambios políticos, sociales, culturales, científicos y por las problemáticas de salud de la comunidad.

A través de los años, enfermería evolucionó y fue cambiando sus conceptos y las definiciones. Se estableció como campo científico y se describió en numerosas oportunidades como una serie de tareas y técnicas (subordinadas a la medicina); como un servicio humano amplio, como una vocación aprendida y más recientemente como una disciplina en el área de la salud, que maneja el cuidado de esta durante el transcurso del ciclo vital.

Definiendo el cuidado de enfermería, Meckenna, citado por Boemer y Sampaio (1997: 33) dice que "cuidar es la esencia de la práctica de enfermería", agregando que el cuidado de enfermería no debe ser comprendido como la realización de una tarea relacionada al cuidado directo, sino que debe ser más amplio, como una óptica multidimensional, abarcando dimensiones de naturaleza administrativa, educativa, investigativa y de asistencia, requiriendo una competencia no solo técnica sino también política.

El concepto del cuidado de enfermería fue claramente definido por Florence Nightingale, quien lo planteó en conceptos de ciencia y arte, en sus aspectos más valiosos: el cuidado y la entrega. Los relevantes aportes de esta distinguida enfermera se basaron en una investigación cuidadosa, lo que la convirtió en una persona significativa dentro de la historia de la enfermería moderna.

El desarrollo del primer programa organizado de formación de enfermeras en el año 1860, subvencionado por la fundación Nightingale, marcó el inicio de una era distinta para la enfermería. Pero, a pesar de que las primeras escuelas fueron creadas de manera independiente a los hospitales, por comité o juntas facultadas para ello, pronto fueron absorbidas por estos debido a la falta de presupuesto económico. Además, muchos de ellos descubrieron que podían crear escuelas para cubrir sus necesidades de recursos humanos en enfermería y al mismo tiempo obtener una valiosa fuente de trabajo casi gratuita. De ahí que la prestación de cuidados se convirtió en el principal producto que se dispensaba en los hospitales. La verdadera función de la escuela que Nightingale quiso plasmar en sus inicios no era la preparación sino el servicio; educando en base a un modelo propio que no girara sobre los ejes de enfermedad y tratamiento.

Pero estos intentos de Florence Nightingale por establecer una enfermería profesional, basada en el entorno, fueron reemplazados por el entrenamiento orientado hacia los aspectos biologistas, para el cual dependía de los hospitales para lograr su formación práctica.

En sus *Notas de enfermería*, Florence Nightingale señalaba que "Enfermería es cuidar y ayudar al paciente que sufre alguna enfermedad a vivir, lo mismo que la enfermería de la salud es mantener o lograr que la salud de cualquier niño o persona sana se mantenga y no sea susceptible de enfermedad" (Duran de Villalobos, 1988: 25).

Después de que Nightingale planteara esta definición y la diferenciara como profesión independiente de la medicina, con metas propias, la enfermería, por lo antes expuesto, permaneció casi setenta años en el oscurantismo conceptual, y su definición se transformó en algo metafórico, asimilada a la imagen de la maternidad que caracteriza a las acciones de nutrir, cuidar y otras formas maternales de comportamiento que influyen en la imagen misma de la enfermera y en su forma de actuar y pensar.

Estos principios fueron los propulsores del desarrollo en los cuidados de los seres humanos sostenidos en el campo de la práctica. Esta etapa tuvo sus orígenes en Occidente a fines del siglo XVIII y comienzos del XIX, durante la guerra de Crimea. Entonces se sentaron las bases teóricas, prácticas, educativas y aun investigativas de la enfermería, sellando la profesión con su imagen de la insigne enfermera.

Remontándonos al período del Renacimiento, se inicia la aplicación del método científico por medio de la investigación, el cual influyó en el desarrollo de la medicina. De hecho, la mayoría de los científicos eran médicos. Sin embargo, la línea de separación entre la ciencia y la magia seguía siendo difusa.

En la década de 1960 surge la propuesta de Virginia Henderson que definió a la enfermería como

> la asistencia o cuidado al individuo sano o enfermo, en la ejecución de aquellas actividades que contribuyan a su salud o a la recuperación de la misma (o a una muerte tranquila y digna) y que las podría ejecutar por sí mismo, si hubiera capacidad, el deseo y el conocimiento" (Marriner, 1994: 181).

A pesar de la distancia de años, este concepto tiene mucha semejanza con el de Nightingale, e incluye además elementos nuevos como el de educación en la salud, la capacidad y el conocimiento, el sujeto de atención.

Analizando ambas conceptualizaciones se aprecian fácilmente dos ideas:

a) la importancia relativa que en ellas se da al modelo médico aunque éste, a través de los años, se haya tornado el elemento predominante de la educación de enfermería;

b) la importancia del concepto de educación para la salud, planteado también por Jean Watson, que aborda el aprendizaje del sujeto de la atención, objeto de estudio en esta investigación.

María de Villalobos (1998) en su libro *Enfermería. Desarrollo teórico e investigativo*, distingue su progreso en cuatro fases que si bien no se pueden separar puntualmente, sus características más sobresalientes se resumen en cinco puntos clave:

- La enfermería tiene una composición eminentemente femenina.
- Es una profesión con formación en instituciones hospitalarias, con conocimientos teóricos y actividades procedimentales.
- La enseñanza estuvo durante mucho tiempo guiada por otros profesionales, en especial médicos, sin currícula establecida. Por lo cual predominó este modelo tanto en el aprendizaje como en la práctica.
- Es una profesión que permitió la utilización de los estudiantes como fuerza laboral en los hospitales, dejando una serie de vicios y hábitos difíciles de erradicar, los cuales no responden a la filosofía de la enfermería.

- La manipulación de las enfermeras en beneficio de otros grupos profesionales, en especial médicos y administradores hospitalarios, derivó en la sumisión del comportamiento de las enfermeras.

Cuando la enfermería logra la identificación de estos problemas comienza a hacer sus intentos para construir su propio modelo y sus currículas, pero la educación tradicional orientada al aprendizaje repetitivo, al entrenamiento y a la experiencia, más que en el modelo propio prevaleció sobre estos intentos.

La enfermería ha tenido dificultades para afianzar los cambios curriculares de acuerdo a sus conceptualizaciones y estos quizás se deben a que el modelo médico y la estructura de las instituciones de salud son una réplica en sí misma. Por otra parte, el proceso educativo sigue enfocado en causas anormales y desadaptadas del comportamiento en vez de centrarse en las necesidades básicas humanas, dando como producto a un graduado con orientación a trabajar la salud y la enfermedad desde el enfoque biológico como fenómeno esencial. Este marco de referencia que es utilizado por enfermería para planear el cuidado dificulta determinar conceptualizaciones como la prevención y promoción de la salud.

El tema de las necesidades básicas ha sido examinado por varios estudiosos de las Ciencias Sociales para descubrir las motivaciones que fundamentan la conducta humana.

En años recientes se ha prestado cada vez más atención a la teoría de las necesidades humanas como marco conceptual (Du Gas, 1979), la cual plantea cinco tipos de necesidades en el siguiente orden de prioridad:

1. Necesidades fisiológicas.
2. Necesidades de protección y seguridad.

3. Necesidades de amor y sentimiento de pertenencia.
4. Necesidades de estima.
5. Necesidades de autorrealización.

Según el psicólogo Abraham Maslow las necesidades fisiológicas se encuentran antes que todas las demás y son esenciales para la supervivencia, asegurando que el sujeto se encuentra en constante intento de satisfacer sus necesidades básicas, concibiendo a un sujeto en continuo movimiento y por lo tanto aprendiendo para lograr el equilibrio.

A partir de este profesional se reformaron las categorías según la adaptación de Kalish, las cuales son tomadas en cuenta (en el discurso) por el sistema formador.

La enfermería en la Argentina

En 1885 se crea en Buenos Aires (Argentina) la Escuela de Enfermeros y Enfermeras, fundada por la doctora Cecilia Griersson, perteneciente al Círculo Médico. Esta escuela se encuadró en un período en el que el Estado se apropió de una serie de actividades sociales, entre ellas la educación y la salud. La profesión médica ejercía un rol político y la asistencia de enfermería brindada en los hospitales era de muy mala reputación; incluso era brindada por reclusos que cumplían condenas.

La doctora Cecilia Griersson, ante esta realidad, comienza su batalla para reclamar no sólo por la formación de personal sino también, entre otras cosas, por el horario ilógico que cumplían (de 24 a 36 horas de actividad corrida), que era incluso avalado por médicos que debían respetar las leyes laborales.

En la escuela de Cecilia Griersson se dieron las primeras clases teóricas y las prácticas eran realizadas en los consultorios gratuitos que poseía el Círculo Médico, como así también en las clínicas de los médicos que pertenecían a éste.

En 1912 la escuela sufre cambios en el plan de estudios, reforma que estuvo conducida por médicos (Dr. Piñero y Dra. Vertua). La modificación se basaba en un plan de estudios de nueve meses, con tres meses teóricos y seis meses prácticos, y con la exigencia de un examen final.

Si bien la escuela sufrió varias reformas, siempre fueron dirigidas por los médicos, pero ante la muerte de la Dra. Cecilia Griersson (1935) se impone un nuevo plan de estudios en homenaje a su nombre, marcando un camino hacia la profesionalización de la enfermería en nuestro país.

Paralelamente, en ese período, integrantes de la comisión directiva del Hospital Británico, tras tomar contacto con la escuela de Florence Nightingale, reconocen los beneficios que le acarrearía la administración de los servicios de enfermería. Esto trae aparejado que en 1890 se produzca la fundación de la escuela de enfermería del Hospital Británico, siendo esta la primera del país que es anexa a un hospital.

A diferencia de la escuela de Cecilia Griersson, la del Hospital Británico fue administrada por discípulas de Florence Nightingale llamadas "matrón" de la institución. Esta escuela siempre tuvo una organización distinta y el entrenamiento al que las alumnas debían responder tenía la característica de ser muy exigente a nivel disciplinario.

Lo que se quiere destacar es que ambas escuelas funcionaron paralelamente, pero cada una con una currícula diferente y con objetivos distintos en su formación. En la actualidad no ha cambiado mucho la situación. En la ciudad de Rosario se sigue formando enfermeros con distintos planes de estudio y niveles de dependencia. Se dicta el nivel auxiliar de enfermería, el cual consiste en un curso de nueve meses para el que no es necesario poseer el título secundario y está orientado a la higiene y confort del paciente.

La carrera a nivel terciario y universitario, de dos años y seis meses de duración, habilita al profesional para el cuidado del paciente y tiene también una orientación administrativa (ley 12.245).

Por último, la Licenciatura en Enfermería, de cuatro años de duración, habilita al graduado para la atención y el cuidado del paciente de alto riesgo, la docencia, la investigación y la conducción de cargos jerárquicos o puestos directivos de hospitales públicos municipales o provinciales.

Paralelamente se dictan en distintas instituciones los programas de profesionalización de auxiliares, los cuales son brindados para aquellos auxiliares de enfermería con título secundario que con dos años de formación adquieren el título de enfermero.

Esta última modalidad no es aceptada por la investigadora, posición que no será explicitada porque no aporta al objeto en estudio.

Las investigaciones sobre la formación de los enfermeros

Como se explicitó, la investigación cuyos resultados exponemos se enmarca en el área de interés: la enfermera y la apropiación del rol educador durante su formación.

Nuestra intención es poner en descubierto en qué radica el fenómeno que obtura o favorece la apropiación de dicho rol durante el proceso de formación de los enfermeros en ésta escuela de enfermería, siendo ésta una incumbencia de la profesión.

La enfermería en la Argentina, como en otras partes del mundo, es una profesión preponderantemente femenina, así como lo es el magisterio.

Autores como Fitzpatrick (1977), Gamarnikow (1978), Climent (1980), Morrow (1986), Aukerihe y Heien (1984 Asia), Loison Juan (1977) en "Significado del predominio del sexo femenino en la profesión de enfermería" (Tesis de Enfermería, Universidad Nacional de Buenos Aires); Bullen, N. Argelis (1988) en "Tendencias en la formación y el ejercicio de enfermería" (Tesis de enfermería, Universidad Nacional de Buenos Aires); Nieva Edith, Renata Schmalt (1977) en "Deserción de enfermería en actividades profesionales" (Tesis de enfermería, Universidad Nacional de Buenos Aires) han estudiado a la enfermería con criterio de reclutamiento. Otros autores como Wairneman y Buistock (1990) abordaron la investigación profundizando la descalificación de la profesión, destacando los problemas más acuciantes de ésta: el agudo déficit del personal, el decrecimiento del personal calificado (licenciados y profesionales), el incremento del personal poco calificado (auxiliar) y la heterogeneidad de formación del mismo, que tiene lugar en una multiplicidad de escuelas que imparten formación de distinta calidad. Catalina Wairneman y otros sostienen la investigación desde una triangulación cualitativa-cuantitativa utilizando observaciones, entrevistas y cuestionarios, mostrando una visión interesante desde el punto de vista de la problemática actual de la enfermería, con respecto a la falta de unificación de los planes de estudios de las distintas escuelas.

Otra investigación de las mismas autoras está orientada hacia quienes atendían la salud y dónde se entrenaban. Este material brindó información del origen de la enfermería y sus escuelas.

Otros estudios científicos, como el realizado por Sandra Colombo (1999: 20-23), plantea que la enfermería, a través de la educación sanitaria, tiene la posibilidad de modificar hábitos y factores que predispongan a la enfermedad del individuo, familia y comunidad, haciendo hincapié en que las enfermeras tienen numerosas oportunidades de brindar información más allá de las tareas asistenciales.

Santesteban y otros (1999: 29-32) plantean que el currículum de todo programa profesional debería ser elaborado de modo tal que posibilitase el desarrollo del proceso de aprendizaje, utilizando distintos métodos que ayuden al estudiante a lograr cambios en las conductas necesarios para su desempeño profesional.

Otra investigación que se encontró en enfermería y que tiene relación con la formación de ésta es la de Zafico Yañez et al. (1997: 16-24). Plantea que la práctica clínica es importante en el currículum de los estudiantes de pregrado de enfermería, a los que ofrece oportunidad de combinar técnicas para adquirir conocimientos y desarrollar actividades e incluye que la educación clínica tiene lugar en un complejo entorno social. Los resultados obtenidos ponen de manifiesto una alta satisfacción en el área educacional y que las enfermeras valoran la acogida que dan al estudiante. Está abordada desde un enfoque cuantitativo utilizando al cuestionario como instrumento.

Una ponencia de Irene Adue, presentada en la II Conferencia Latinoamericana de Escuelas y Facultades de Enfermería (1991: 19-24) hace un paralelo entre la práctica de enfermería y la educación, planteando varios puntos, pero algunos, como los explicitados más abajo, coinciden con nuestro posicionamiento.

- Los niveles de disponibilidad de enfermería varían en diversos países de América Latina, ejercida por un heterogéneo grupo de profesionales con distintos grados de preparación.
- Un estudio de la O.P.S./O.M.S. (1982) sobre los programas de enfermería en América Latina demostró un alto grado de heterogeneidad y complejidad, donde el núcleo predominante es aún la práctica hospitalaria, con mayor énfasis en un enfoque hacia la atención del paciente y un enfoque más superficial en las acciones dirigidas a la promoción y prevención.

Dicho estudio evidenció además que la existencia de planes de estudios con distintos niveles ha generado una crisis por falta de identidad de la profesión.

La utilización de métodos y técnicas educativas convencionales, consagrada más por tradición que por su efectividad y favorecida por los propios educadores, da una escuela de alto costo y poca efectividad en términos de aprendizaje.

Varios son los puntos que Adue aborda en este tema, pero se extrajeron aquellos que tienen relación con nuestro objeto en estudio. En este sentido, consideramos que se relaciona con la historia de la enfermería mencionada anteriormente.

De hecho, antes de abocarnos a la investigación sistemática se rastreó la evidencia disponible en el ámbito de formación, pero reveló una conspicua ausencia de estudio sobre el rol educador en la formación de enfermeros durante el pre-grado.

El estado actual de la enfermería

Si nos ubicamos en nuestra situación actual nos encontramos en apariencia en el momento en que se le continúa demandando a la enfermería la ejecución de técnicas y procedimientos. La falta de dotación de personal en las instituciones está relacionada con los índices de atención, la desvirtuación de tareas y la falta de distribución acorde al nivel de preparación, presionando al enfermero a hacer y disminuyendo el tiempo para pensar sobre las necesidades del sujeto de atención.

Además, la falta de prestigio que envuelve a la profesión originada por la no identificación de un modelo propio y la ausencia de la definición de roles, llevó a la enfermería a tener una inscripción del imaginario social que se encuentra devaluada.

Es importante destacar también la resistencia al cambio que tiene la corporación profesional, originada por la presión del modelo médico y el medio institucional que todavía no conoce ni valora a la enfermería como una articuladora del cuidado.

Nuestra realidad nos muestra un rol de enfermería el cual el área específica de la educación para la salud se centra muchas veces en repetir información de programas estandarizados, sin tener en cuenta los factores provenientes del sujeto y la familia. Esta actitud puede obstaculizar el aprendizaje del individuo, ya que la programación educativa requiere sistematización, orden y secuencia, mientras que la información sólo comunica.

Esta instrucción o la información suele ser efectuada por el médico de cabecera, el enfermero o también a través de la distribución de folletos u otras variantes, esperando que el sujeto se adapte al programa de educación y no que este se ajuste al mismo, dando como resultado información rudimentaria y fraccionada, poco satisfactoria para él y su grupo familiar. Lograr el aprendizaje del cuidado de la salud centrado en el sujeto de la atención permite lograr la autocuración planteada por Watson.

Generalmente, en lo planteado anteriormente prevalece la información y no la educación, es decir, predomina el concepto procedimental y no el actitudinal.

Esta actitud, observada en los enfermeros en el medio asistencial, parte del supuesto hipotético de que el origen de ésta se encuentra en las currículas de enfermería que están orientadas en su mayor parte a contenidos procedimentales, principio que rige al modelo médico. Cuando hacemos la reflexión sobre la función del enfermero en relación al rol educador en la práctica, nos posicionamos desde la doble hermenéutica que, según Giddens, es la única manera de que el investigador pueda tornar asequible la vida social, es decir, mediante la utilización del conocimiento mutuo como esquema interpretativo para entender la actividad social.

Si analizamos la situación social del sujeto en estudio, éste tiene dos reglas: las que rigen la sistemática de la investigación y las que regulan el rol educador. Desde lo teórico se plantea la necesidad de educación del sujeto de atención y, por otro lado, esa necesidad está supeditada a las normas de las instituciones. Ante esto la autora plantea que si desde el sistema formador no se logra la apropiación del rol educador, el alumno no logrará ni buscará transferirla en la práctica.

Creemos necesario explicitar nuestra concepción con respecto al concepto de rol como un pensamiento articulador que une a dos polos que tienen que ver con el mundo externo en sus dimensiones sociales, culturales, institucionales y al mundo interno que se relaciona con la historia y con la constitución del sujeto. Este juego de conceptos se interrelacionan y se pueden enfocar en tres dimensiones:

1. el sociológico, el nivel social del rol;
2. el individual, o sea el profesional;
3. el personal.

La definición de rol de Pichón Riviere (teoría del rol) sintetiza este concepto. El autor decía que "el rol es un modelo organizado de conductas relativas a una cierta posición del individuo en una red de interacción" (1982: 20-21).

El término *rol* proviene de *rollo* y está conectado también a la noción de máscara, de personaje y también del rollo que utilizaban los actores medievales cuando salían y leían el parlamento. De ahí surge que el rol signifique argumento previo. Analizándolo con el objeto de esta investigación, el rol educador del enfermero, que también lo identificaremos como educación para la salud y/o educación para el autocuidado (que más adelante explicaremos) es un argumento previo equivalente al modelo que el alumno debe apropiarse, apoderarse para poder seguir al otro. Dicho de otro modo, para poder interactuar y compartir ese rol con el sujeto de atención.

Esta postura no se relaciona sólo con el concepto de rol, sino también con un tema que ha preocupado y preocupa a la pedagogía, que son las teorías de aprendizajes que pueden utilizarse en la formación. Juan Pozo (1996), en su libro *Teorías cognitivas del aprendizaje*, sostiene que hay teorías que se apoyan en una concepción asociacionista y otras que lo hacen desde una concepción constructivista. En las primeras, el aprendizaje se produce por asociaciones mecánicas, entre estímulos y respuestas (conocimientos previos y nuevos) y, en las segundas, se sostiene que el aprendizaje es un continuo y complejo proceso de construcción, donde se articulan y reestructuran nuevos y viejos conocimientos. El mismo autor enfatiza que estas teorías no son contradictorias, sino que se complementan mutuamente.

Teniendo en cuenta el desarrollo de las teorías de aprendizaje, esta investigación se enfoca básicamente en la apropiación del rol educador, es decir, la apropiación del concepto de educación para la salud y/o educación para el autocuidado detectando las necesidades de aprendizaje en el sujeto de la atención, en la formación del pre-grado, considerando importante explicitar el enfoque teórico e investigativo de la misma.

Esther Díaz (1999), en su libro *Metodología de las ciencias sociales*, comparte la posición de que las ciencias positivistas se basan en supuestos que el conocimiento es válido si parte de la experiencia y que existe una relación unívoca entre causa y efecto. Plantea que hay un punto en el que Kuhn y Popper coinciden absolutamente: la ciencia parte de problemas que se originan desde conflictos no resueltos.

Los paradigmas de Kuhn reflexionan sobre un cambio en la comunidad científica surgido por la necesidad de nuevas teorías; este ha demostrado que el positivismo tiene sus limitaciones en las creencias y valores imperantes.

Según Guba y Lincoln, citados por Vasilochis (1993), los "paradigmas pueden ser vistos como un conjunto de creencias básicas (o metafísicas) representando una visión del mundo".

El enfoque positivista enfatiza la relación entre variables y privilegia la medición y el análisis de relaciones causales entre las mismas. En cambio, el enfoque cualitativo hace énfasis en el estudio de los procesos sociales, siendo un supuesto ontológico fundamental la realidad que se construye socialmente; por lo tanto, no es independiente de los individuos.

Desde este planteamiento, según el paradigma interpretativo intentamos superar las limitaciones del positivismo, cambiando las ideas de explicación, predicción y control por la de comprensión e interpretación; intentando explicar la subjetividad de los individuos y los productos que resultan de su interacción.

El aspecto sociológico central se refiere al significado de los fenómenos que la realidad tiene para los individuos y la manera en que estos significados se vinculan con sus conductas. Al enfatizar la importancia de las contingencias y de los valores subjetivos se favorece la comprensión, más que la explicación como tipo de conocimiento producible.

Desde el enfoque interpretativo nos posicionamos para comprender a los docentes y a los alumnos tratando de interpretar la realidad que vive el sistema formador, dando significado a la fractura que obstaculiza o favorece la apropiación del rol educador.

A fin de lograr un conocimiento interpretativo tratamos de que los conceptos fueran flexibles como para aprehender la múltiple diversidad de los significados de la diversidad del objeto en estudio. Para esto se utilizaron analizadores o palabras claves que permitieron definir los conceptos o proposiciones logrando visualizar con mejor claridad el material de campo y analizarlo. Algunos autores utilizan el término *categorías de análisis*, pero nosotros preferimos hablar de *analizadores*, porque las categorías requerirán un análisis y justificación epistemológicos.

Los analizadores utilizados en esta investigación son:

- Currícula.
- Programa.
- Enseñanza.

- Apropiación del rol educador.

Para comenzar a tratar el concepto de currícula de la escuela de enfermería, sería pertinente ubicarnos desde la concepción de la teoría del aprendizaje; las currículas, por el proceso que ha transitado la enfermería, han sido organizadas por supuestos de aprendizaje representados en la corriente de la escuela tradicional, cuyo diseño curricular está centrado en la organización lógica y lineal de los contenidos. Los docentes siguieron estrategias mecánicas y repetitivas y el sujeto aprendió por recepción. Esta línea que destacamos se sustenta en la historia, como ya se explicitó: la formación de las enfermeras fue absorbida por los hospitales y estaba desarrollada y dirigida por médicos.

Para comenzar a ubicarnos en el analizador propuesto, el término currícula proviene de la palabra *lateria currere*, que hace referencia a carrera, a un recorrido que debe ser realizado y que además de expresar contenidos de la enseñanza tiene cierta capacidad reguladora de la práctica (Gimeno Sacristán, 1993: 145).

Sin embargo, el curriculum no es un concepto sino una construcción cultural, es una forma de organizar un conjunto de prácticas educativas humanas.

Grundy, en su libro *Producto o praxis del curriculum* denomina al curriculum con dos enfoques:

- Conceptual, definiendo a este como un conjunto interrelacionado de planes y experiencias.
- Cultural, referido a la experiencia de las personas.

No obstante, plantea que nunca se parte de cero en cuestiones curriculares, ya que tanto profesores como alumnos están comprometidos en dichas prácticas y ningún curriculum existe a priori. En general, para entender el significado de su práctica es necesario conocer el contexto social y las premisas según las cuales se construye.

Para profundizar el término curriculum, Grundy apoya la teoría de los intereses constitutivos del conocimiento propuesta por el filósofo alemán Jürgen Habermas (1991: 23). Esta habla de los intereses humanos fundamentales, importantes para la comprensión de las prácticas educativas. Es importante profundizar lo que Habermas entiende por interés y por interés cognitivo: este parte de la premisa de que la especie humana se orienta al placer, sobre todo al de la creación, y la fundamenta en la racionalidad, planteando que los intereses son orientaciones de la especie humana, constitutivos del conocimiento, señalando tres intereses cognitivos básicos que constituyen los tipos de ciencias que se organiza en nuestra sociedad:

1. interés técnico que tiene congruencia con las ciencias empírico-analíticas, donde su orientación básica se dirige al control y gestión del medio, también conocido como "positivista", acuñada por Comte. Llevado este concepto a curriculum, el interés técnico está expresado en el diseño a través de objetivos, donde el control del alumno está conducido a través de estos.

2. Interés práctico asociado a la ciencias histórico-hermenéuticas, orientado a la comprensión del medio y a la interacción del individuo con este; dos conceptos claves para aplicarlos al curriculum; donde el diseño se considera como un proceso en el que el alumno y el profesor interactúan para darle sentido al mundo.

3. Interés emancipador generador de teorías críticas, acerca de las personas y de la sociedad que explican cómo se comportan ante la restricción y la inhibición de la libertad.

Mientras los otros dos intereses se ocupan del control y de la comprensión, el interés emancipador se preocupa por la capacitación del individuo y la sociedad para conducir sus vidas. Para aplicar este interés en un curriculum debemos considerar la práctica, donde el profesor y el alumno no trabajan la autorreflexión y la acción.

A partir de estos intereses cognitivos Habermas plantea que el currículum es una construcción social y que las formas y los objetivos están determinados por intereses humanos fundamentales, los cuales se pueden analizar no solo observando cómo actúan sino también reconstruyendo la evolución de la especie humana.

Si bien hay muchas definiciones, cuando hablamos de currículum de una escuela de enfermería hacemos referencia, en esta investigación, "al plan de estudio o al documento que expresa una tentativa para comunicar los principios y rasgos esenciales en el proyecto educativo" (Lomagno, 1999).

En esta definición como plan de estudios, Lomagno le concede en forma explícita la importancia a los planes y programas de aprendizaje que se implementan a través de la habilidad de los docentes, para comunicar los principios del proyecto educativo y lograr el aprendizaje buscado por el alumno.

Esta habilidad, según Grundy, consiste en hacer, en una acción, donde el docente se orienta a un producto; y plantea además que cualquiera sea la definición del currículum siempre el producto está dirigido hacia el alumno.

En esta acción de educar se requiere la habilidad del docente, si no hay creatividad y reproducen ideas preexistentes, esgrimiendo las relaciones de poder, el estudiante no construye el conocimiento ni adquiere la síntesis de lo aprendido.

Si nos remitimos a la definición utilizada en esta investigación, esta deja implícita la apertura de la discusión de los contenidos, para que estos puedan ser trasladados, permitiendo incorporar la dimensión "dinámica" de su realización. Como el diseño de los planes de estudio de enfermería estuvo centrado en una organización lineal de los contenidos, estos no permitieron en un inicio la discusión de los mismos.

En un principio el concepto de currículo estuvo centrado en los contenidos de la enseñanza, pero con el tiempo fue ampliado, llegando a hacerse una aproximación entre este y la didáctica (en inglés *didactic*, que remite al arte de la enseñanza por el método) Gimeno Sacristán (1993).

En la historia científica del pensamiento curricular existe una noción implícita o explícita según la cual el campo de la práctica es el campo de la aplicación de lo teórico y que por esta razón debe estar en el currículum después del contenido conceptual.

Pero en la enseñanza de la enfermería se agrega la característica que la práctica clínica (entendiéndose por esta a las actividades que realizan los alumnos en los distintos sectores e instituciones de salud) en determinadas ocasiones consiste en la ejercitación repetitiva de un esquema o modelo dado. Al no establecer relación con el contenido teórico, a la vista de los alumnos parecen dos programas diferentes.

Generalmente dichas prácticas clínicas se asientan en valores, muchas veces implícitos, que por fuerza de lo habitual no se cuestionan ni se reflexionan, sino que se repiten y son aceptados como normales.

Si buscamos, por ejemplo, en un aspecto de la historia de la enfermería, advertimos que se sobredimensiona de tal manera la técnica de aplicación de inyectables, al externo que se evaluaba exclusivamente a través de ella la calidad profesional de una enfermera, valoración parcializada que aun hoy perdura.

Si relacionamos lo planteado por Grundy podemos decir que los currícula de enfermería están orientados generalmente hacia el logro de habilidades técnicas que controla a través de objetivos el aprendizaje del alumno. Esto nos permite decir que estos currícula así orientadas han llevado a la enfermería a una condición laboral con características que la acercan más a los intereses de la proletarización del rol que al objetivo de un status similar a la profesionalidad. Las condiciones de trabajo en las instituciones están orientadas a garantizar el control sobre el proceso productivo, como lo planteó Taylor (1969) en su libro *Management Científico*, donde el obrero veía su trabajo reducido al desempeño de tareas aisladas sin comprender el modelo y sin poder decidir sobre esta fase de la producción.

Enfermería, en la actualidad laboral, ante la demanda de atención, realiza tareas predominantemente dependientes, o sea, aquellas ordenadas por el médico, descuidando las propias de la enfermería, relacionadas al cuidado del sujeto de atención.

Otro concepto importante en este analizador curricular es que no podemos olvidar la existencia del currículum oculto, que tiene más estrecha relación con las dificultades del alumno que con sus éxitos, según lo afirma Jackon (1975) en su obra *La vida en las aulas*, donde reflexiona que el curriculum oculto se contrapone al curriculum oficial y analiza la importancia del ambiente en los momentos de actividades de aula donde las relaciones sociales, la distribución del tiempo, el clima de evaluación, y el "premio o castigo" tiene una íntima relación con la dimensión sociopolítica del momento. Considerar que la enseñanza se reduce a los programas oficiales es negar que en los momentos de actividades de aula exista una dimensión sociopolítica que se relaciona con las funciones de socialización de la educación formal. Generalmente, la experiencia afirma que lo "oculto" es mucho más amplio e impactante que lo manifiesto.

Para finalizar el concepto de este analizador decimos que el currículum representa siempre un proyecto cultural, social y educativo, uno de cuyos valores fundamentales radica en la capacidad de desarrollar en los alumnos las competencias necesarias para enfrentar y actuar críticamente en, desde y para la sociedad en la que viven.

Por otro lado debemos considerar que la realidad siempre incluirá más de lo que expresan las declaraciones curriculares, con lo cual vale citar en la definición al currículum oculto, de gran presencia en las actividades pedagógicas.

La expresión "currículum oculto" fue utilizada por primera vez por Jackson en 1968 para referirse al conjunto de aprendizajes no previstos que en forma asistemática y no intencional tienen lugar en los momentos de actividades en el aula en las prácticas clínicas. Lo constituyen aquellos componentes, dimensiones o contenidos sobre los que no recae habitualmente la atención del docente, la transmisión de valores, las prácticas implícitas en las convivencias, códigos con un valor normativo esencial en el funcionamiento de la institución formadora.

Los efectos no esperados o colaterales pueden ser congruentes o contrarios a los objetivos explícitos que declara en sus intenciones la institución educativa. Sus influencias son decisivas en los procesos de socialización que implican fundamentalmente aprendizajes de valores, normas y actitudes. El currículum diseñado o currículum vivido es el proceso completo de enseñanza-aprendizaje y bien sabemos que una cosa es estructurar el proyecto curricular por escrito y otra es concretar esas intenciones curriculares en el aula.

Otro concepto clave en esta investigación son los programas o proyectos de cátedras, entendiéndose por estos al diseño anual de las asignaturas, donde se planifican los contenidos conceptuales, procedimentales y/o actitudinales de las mismas, observándose los objetivos y las formas de evaluar los contenidos.

Dentro de esta investigación se observará la ordenación del espacio y tiempo dedicado para la educación de la salud y/o educación, para el autocuidado en los momentos de actividades en el aula; también se observará la forma de evaluación de ese contenido para tratar de identificar si el alumno detecta en forma espontánea o inducida las necesidades de aprendizajes del sujeto de atención y qué mecanismos utilizan para resolver dichas necesidades, tanto en los momentos de actividades en el aula como en las prácticas clínicas.

Es importante antes de continuar con los analizadores explicitar por qué surgió la necesidad de abordar el concepto de educación para la salud y la educación para el autocuidado.

Las teorías de enfermería no refutan las conceptualizaciones de Florence Nightingale y de Virginia Henderson, sino que señalan o amplían una parte de ellas, por ejemplo, el concepto de educación fue ampliado por la teoría del déficit del autocuidado, teoría relativamente nueva, surgida por la necesidad de atender enfermos crónicos y creada por Dorothea Orem, que define al autocuidado como

una actividad del individuo aprehendida por este y orientada hacia un objetivo. Es una conducta que aparece en situaciones concretas de la vida en que el individuo se dirige hacia sí mismo o hacia el entorno, para regular factores que afectan a su propio desarrollo y actividad en beneficio de la vida, salud o bienestar (1994: 181).

También Jevin define el autocuidado como

el proceso por el cual la persona deliberadamente actúa a favor de la promoción de su salud, prevención de enfermedades y la detección y tratamiento de las desviaciones de salud (Pontificia Universidad Católica de Chile, 1998: 4).

Mirado desde esta óptica, ambos autores convergen en que el adulto o sujeto de atención es el primer proveedor de su cuidado directo y, por lo tanto, responsable de su salud, y si aunque la noción de autocuidado es unívoca, es importante que los currícula de enfermería integren objetivos con tendencia a orientar los programas hacia la educación de la salud, con un enfoque hacia el autocuidado. El concepto de entorno del ambiente que rodea al sujeto de atención es el que consideramos que debe estar presente para que el alumno se apropie del rol educador y es necesario que, en los currícula de las escuelas de enfermería la educación para la salud no esté solo en objetivos y contenidos sino también en las prácticas clínicas, como una parte del mismo.

En esta investigación se analiza la profundidad de ambos conceptos que abarcan la educación para la salud. Al identificar las necesidades del sujeto, Orem presenta su teoría surgiendo la necesidad de aplicarla al cuidado de enfermería para favorecer la recuperación del sujeto de la atención.

Para continuar explicando nuestra postura, es importante definir al sujeto de la atención y tanto Virginia Henderson como Florence Nightingale señalan al individuo como paciente. El diccionario define la palabra paciente "como que tiene paciencia", lo cual visto desde esta perspectiva es una virtud que hace soportar los males "con resignación". Esta manera de definir ha perdido valor, en gran parte, como consecuencia del deterioro de su significado original, así, paciente, derivado del participio *pati*, que significa experimentar, sufrir, soportar "es una persona que sufre", Joyce Travelbee (1979).

Como no compartimos la definición del citado autor en esta investigación se reemplazará el término "paciente" por el de "sujeto de la atención" que visualiza al individuo en un concepto más amplio relacionado con las necesidades humanas sobre las que se articula el cuidado que brinda la enfermería.

Volviendo a los conceptos claves o analizadores, es necesario definir dentro del analizador programa, los objetivos. Se entiende por éstos a los puntos de referencia o señalamientos que guían el desarrollo temático del programa de la asignatura, representando las metas a corto plazo que se pretenden lograr con los alumnos. Los objetivos especifican, en términos concretos, las metas más particulares e inmediatas, de alcance directo, del trabajo del docente en el aula. Son las pequeñas, pero fundamentales, unidades de aprendizaje y especifican las etapas necesarias para lograr lo propuesto. Relacionando con lo planteado por Grundy, dijimos que el interés técnico informa el modelo de diseño curricular por objetivos, donde está implícito el interés por el control del aprendizaje del alumno; concretamente los objetivos de la enseñanza no son más que los productos de aprendizajes que en la fase de planificación anterior hablamos de la acción y en la fase de verificación posterior a la acción hablamos de resultados; por lo tanto, son los resultados consecuentemente previstos y deseados. Señalamos con esto que los objetivos son un punto importante en los programas y esto lo fundamentamos en el concepto de que el ser humano está permanentemente aprendiendo y aquí la teoría del psicólogo Abraham Maslow (presentada anteriormente) sugiere esta postura: categorías básicas de las necesidades humanas que pueden ordenarse por prioridad de satisfacción. Esta teoría no concibe al hombre como un ser estático que trata sencillamente de conservar un equilibrio en un mundo cambiante, sino como un ente dinámico que en forma constante trata de alcanzar cosas que se encuentran más allá de su medio inmediato (Du Gas, 1979).

En este concepto se encuentra implícita la idea de que el ser humano en forma continua crece y se forma; por lo tanto, aprende.

Si partimos de que el ser humano está en continuo aprendizaje, también nos posicionamos en que tiene derechos, y uno de ellos es la exigencia ética. El sujeto puede o no decidir autocuidarse. Esther Díaz, en su libro *Metodologías de las ciencias sociales*, plantea el temor a perder la libertad: "se quiere ser tan independiente que se huye de aquello que amenaza a convertirse en dependencia" (1998: 70). Y un programa de educación para la salud genera implícitamente dependencia a determinadas normas.

El abogado Ignacio Migles, en una conferencia, refirió que hay tres grandes reglas éticas en la salud:

1. la veracidad,
2. el consentimiento informado que implica informar al sujeto de atención sobre ventajas y riesgos del tratamiento,
3. la confiabilidad.

El derecho que tiene el sujeto de atención de decidir si quiere o no aprender a cuidarse, está explícito en estas reglas éticas y, jurídicamente hablando, es juzgable la ausencia de información.

Para continuar posicionándonos en nuestro objeto de estudio, otro concepto clave en esta investigación es la enseñanza, a la que se considera

> como un proceso que facilita la transformación permanente del pensamiento, actitudes y comportamiento, como un proceso dinámico, donde el sujeto logra mejorar conceptos, conductas y formas de resolver situaciones y cambiar actitudes (Sacristán et al., 1993: 110).

Si partimos de esta concepción, definimos el término proceso como al movimiento o evolución que facilita el cambio de actitudes.

Las actitudes son utilizadas por la psicología social para medir y comprender aspectos del comportamiento humano, denominándolos "constructos hipotéticos", es decir, procesos que suponemos existen aun cuando no son observables o medibles, tales como los valores o creencias.

En la educación las actitudes son objetivos deseables que impregnan la totalidad del proceso educativo y ocupan un papel importante en el acto de aprendizaje. ¿Pero cuántas currícula de escuelas de enfermería o programas de asignaturas tienen objetivos actitudinales y estrategias para desarrollarlas?

Cuando hacemos referencia a las actitudes en los currícula de enfermería, nos posicionamos en que éstas guían los procesos "perceptivos y cognitivos" que conducen al aprendizaje, es decir, a los contenidos educativos ya sean procedimentales, conceptuales o actitudinales. Definimos a estos de la siguiente forma. Entendemos por contenido:

1. Procedimental: aquel que se basa en procedimientos o técnicas.

2. Conceptual: aquel que aborda los conceptos científicos.

3. Actitudinal: aquel que aborda las actitudes que fueron definidas anteriormente.

Es importante destacar otra polémica de la Dra. Liliana Sanjurjo en su obra *Fundamentos psicológicos de una didáctica operativa*, la cual analiza y denomina "contenidos versus procedimientos y actitudes". En esta confrontación plantea que la crisis educativa se visualiza como estructural y es tal la magnitud de la misma que no solo están en cuestión los contenidos desactualizados y los métodos, sino que se ha perdido el sentido global de la función educativa y el significado social por el cual ha sido creada la institución escolar. Analógicamente los currícula de la escuela de enfermería también sufren una crisis estructural, e intentan luchar contra ella introduciendo modificaciones en los contenidos e incorporando a otras ciencias sin tener la visión global de que los currícula son los que deben educar y lograr una formación integral adecuada a los intereses y necesidades del cuidado.

Retomando el nudo problemático de la investigación, el concepto de educación para la salud en el currículum de la escuela de enfermería es un proceso político que socialmente nunca fue indiferente. La educación para la salud siempre estuvo latente en la sociedad, más allá de la evolución de los valores sociales, de la misma forma que siempre estuvo latente en el sujeto de atención la necesidad de aprendizaje. Pero no debemos olvidar que existe el "prejuicio" de que un concepto vale más que otro o que tiene mayor peso social o cultural, y como los currícula de la escuela de enfermería viraron hacia el modelo médico y el concepto biologista, la educación para la salud quedó desvalorizada.

El último analizador o concepto clave que se abordará en esta investigación es la evaluación en la cual se reflexionará sobre la apropiación del rol educador.

Para comenzar a situarnos empezaremos analizando la palabra *apropiación*, que deriva de la acción de apropiar, de tomar, o apoderarse de alguna cosa. La incorporación activa de hacer propios los valores y adquirir identidad permite elaborar estrategias e induce paulatinamente a modos de conductas y actitudes que se adquieren junto al proceso de socialización. Esa socialización no sólo comienza en la familia y grupos sociales, sino que también debe ser reforzada desde el sistema educativo, donde es necesario afinar el análisis para comprender que en ese proceso el objetivo básico y prioritario es preparar al futuro profesional para su incorporación en el mundo del trabajo con claridad sobre su profesionalidad.

El concepto de evaluación educativa es un fenómeno habitualmente circunscripto al aula, referido a los alumnos y limitado al control de los conocimientos adquiridos a través de pruebas de diversos tipos; muy pocos docentes tienen el criterio de lograr una evaluación como "proceso de diálogo, comprensión y mejora" (Santos Guerra, 1993: 88).

Generalmente la evaluación planteada en forma negativa, realizada en condiciones no acordes a lo propuesto y utilizada de manera jerárquica, permite saber pocas cosas sobre el aprendizaje del alumno.

Si partimos de los conceptos claves o analizadores, los currícula de la escuela de enfermería parten de los currícula tradicionales, con un diseño lineal y centrado en la organización lógica de los contenidos que determinan programas con una secuencia de conocimientos autorizados y metodología de enseñanzas basadas en ejercicios mecánicos o clases informativas. El alumno aprende por recepción, por lo tanto la evaluación o la apropiación del concepto, en este caso educación para la salud, también se aborda con base a criterios rígidos.

Hay un hecho que merece la pena ser destacado en esta confrontación de concepciones, que es la importancia que se le concierne a la enseñanza "tradicional" estrechamente vinculada a una interpretación transmisiva y acumulativa de la enseñanza y el aprendizaje, que Paulo Freire describe en su libro *Pedagogía del oprimido* diciendo que

> existe una especie de enfermedad de la narración, donde la característica de esta educación disertadora, es la sonoridad la palabra y no su fuerza transformadora. Esta narración conduce al educando a la memorización y de este modo la educación se transforma en un acto depositar, en el cual los educandos son los depositarios y el educador quien deposita. En vez de comunicarse, produciéndose un sistema de comunicado y depósitos que los alumnos repiten pacientemente (1970: 52).

Freire plantea un problema identificado en la actualidad, generado por la formación previa de los docentes y la introducción de los cambios curriculares, señalando que sin la capacitación del profesorado para actuar según los nuevos enfoques éstos hacen que las innovaciones se mantengan en un plano teórico y se genere resistencia al cambio.

Si hacemos un análisis crítico y retomamos las teorías de aprendizajes, es importante lo que sostiene Pozo, que dichas teorías se complementan.

A pesar de lo expuesto anteriormente, y si bien podríamos referirnos a infinidad de teorías acerca del aprendizaje, en esta investigación nos acercamos a aquellas que más relacionadas están con la enseñanza en enfermería.

En primer lugar, es factible realizar una clasificación global de todas estas teorías, ya que generalmente sustentan acerca de la influencia de lo hereditario o del medio y lo hereditario – adquirido, pero estos supuestos determinan prácticas educativas distintas.

Las teorías más tradicionales o mecanicistas han puesto énfasis en lo hereditario y en el desarrollo biológico; por otro lado, hay una tendencia a reconocer el peso del medio ambiente en la constitución del sujeto porque ponen énfasis en la creencia de las capacidades innatas del individuo, como así también el planteo de la relación herencia – aprendizaje.

Las teorías que hacen hincapié en lo innato o hereditario reducen la importancia del ambiente y del aprendizaje, porque si lo determinante es lo que el individuo trae al nacer, de poco sirve que se mejore el ambiente aunque hay una incidencia a reconocer aspectos psíquico y sociales, ya que es difícil de distinguir lo natural y lo cultural.

Desde esta perspectiva el proceso de aprendizaje y la enseñanza adquieren otro recorrido, ya que si el aprendizaje depende de las experiencias que tengan será función de la educación mejorar ese ambiente y enriquecer el aprendizaje, en cambio si se considera el ambiente y lo social, debemos organizar las propuestas.

Por otro lado, están las teorías cognitivas o de la reestructuración, que es un intento de superar la antinomia herencia – cultura – aprendizaje, como algo más de asociación entre estímulo – respuesta, reconociendo la importancia del sustrato biologista, la influencia del medio y la cultura para lograr el desarrollo del aprendizaje.

Autores como Pozo refieren a teorías asociacionistas, sosteniendo que el aprendizaje produce asociaciones mecánicas entre estímulo y respuesta. Estas teorías coinciden con las llamadas conexionistas (conexión mecánica entre el estímulo y la respuesta, llamada también conductismo) y el mismo autor propone otro tipo de teorías cognitivas que se refieren a la comprensión de las relaciones entre diversos elementos de una situación de aprendizaje (Gestat) y la teoría constructivista que trata el aprendizaje complejo y el continuo proceso de construcción donde articulan nuevos y viejos conocimientos.

La concepción más tradicional representa la corriente verbalista, según la cual el aprendizaje se produce por información receptiva.

Otra corriente con características superadoras a la anterior es la sensual – empirista, que surge a raíz de reconocer la importancia de todos los sentidos y de las experiencias en el proceso de aprendizaje. Según esta teoría, a pesar de que las estrategias didácticas se enriquecen, el individuo aprende por postura pasiva, nuestro cerebro registra lo observado a partir de los sentidos (tocar, escuchar, observar).

La corriente de la Escuela Nueva reconoce la importancia del interés y la actividad proponiendo ampliar los contenidos, articularlos, integrarlos entre sí y al contexto del individuo que aprende. Como dijimos anteriormente, en esta investigación abordamos las teorías cuyos estilos pedagógicos caracterizan a la formación llamada Escuela Tradicional y Escuela Nueva relacionando con la historia de la educación en enfermería y la necesidad de generar un cambio orientado hacia la identidad profesional, que incluye el problema investigado, el rol educador.

Así como para la escuela tradicional nuestra estructura cognitiva funciona como un aspecto de archivo en el cual los conocimientos se deben guardar cuidadosamente, la corriente de la nueva escuela, en la cual nos posicionamos, parte de un currículum centrado en experiencias significativas, donde surgen programas con contenidos integrados entre sí y relacionados con una realidad histórica.

Se utilizan metodologías de enseñanza prácticas, democráticas, con experiencias o problematizaciones reales. El sujeto aprende a partir de la actividad y el interés, por lo tanto, la apropiación del concepto o la evaluación no se basa en la objetividad sino en sus propias experiencias, en la postura de la evaluación procesal y no meramente final o bien, dicho de otro modo, en la evaluación del proceso para favorecer el aprendizaje.

La corriente de la Escuela Nueva produjo un cambio importante con respecto a la concepción de aprendizaje y a la enseñanza.

Si los currícula de la escuela de enfermería logran unificarse, reconociendo la importancia que tiene el interés y la actividad, se lograría cambiar el producto, es decir, en vez de un sujeto pasivo que actúa accionando por la demanda, formaríamos sujetos activos y comprometidos con la profesión. Este proceso permitiría apropiarse, en este caso, del concepto educador realmente necesario para el rol de enfermería.

Síntesis de los dos enfoques de las teorías de aprendizaje trabajadas:

	CURRICULUM	PROGRAMA	METODLOGÍA	APRENDIZAJE	EVALUACIÓN
ESCUELA TRADICIONAL	DISEÑO LINEAL CENTRADO EN LOS CONTENIDOS	CONOCIMIENTO ATOMIZADO	EJERC. MECANIZADOS	RECEPTIVO	RÍGIDA
ESCUELA NUEVA	CENTRADO EN EXPERIENCIAS	CONTENIDOS INTEGRADOS	PRÁCTICAS PROBLEMATIZACIONES	ACTIVO	PROCESUAL

Esta corriente que impregnó el currículum de las escuelas de enfermería formó un egresado preparado para los procedimientos que en ese momento era necesario por el modelo imperante, pero los cambios sociopolíticos en la atención de la salud hicieron que virara el rumbo de la profesión movilizando la orientación hacia el enfoque curativo. En esta investigación planteamos observar la coherencia de ese cambio sobre el concepto de educación para la salud y/o educación para el autocuidado, una coherencia que debe ser observada entre el currículum oficial o real y el oculto, confirmada en la secuencia, continuidad y profundidad entre el marco conceptual, objetivos, programas, contenidos, actividades de enseñanza, aprendizaje y evaluación del alumno.

Para profundizar esta coherencia abordada desde los factores que obstaculizan o favorecen a la apropiación del rol educador en el enfermero, planteamos entender la estructura del conocimiento de enfermería en el término de paradigma.

Para algunas academias existen evidencias acumuladas que soportan la existencia del mismo, pero aún no están consolidadas. Sin embargo, las evidencias existentes permiten detectar cuatro conceptos centrales identificados a nivel disciplinario y profesional: hombre, contexto, salud y cuidado de enfermería, haciendo hincapié en la última década sobre estos dos últimos conceptos, Durán de Villalobos (1998).

La práctica actual en enfermería articula la necesidad de concentrarse en el proceso de enfermedad, para empezar a delinear la diferencia entre el enfoque teórico de enfermería con el teórico, médico. Esta fuente de ideas generó la necesidad de prepararse para el rol funcional y se enfocaron los esfuerzos en las disciplinas funcionales que se convirtieron en ideas teóricas.

A pesar de estas ideas, aún en los sistemas formadores nos encontramos en la situación planteada por la licenciada Adue, en la que persiste la utilización de métodos y técnicas de la Escuela Tradicional, consagrada más por la costumbre que por la utilidad y donde continúa sustentando el currículum de las escuelas de enfermería, sin aún apoderarse de la propuesta de la Escuela Nueva a pesar de los esfuerzos existentes.

2

El paradigma interpretativo

El problema de la investigación en las ciencias sociales en general es el objeto de estudio; por lo tanto la metodología de investigación que requiere debe respetar su naturaleza.

Sin embargo, el modelo de ciencia y de investigación científica que se ha impuesto históricamente, incluso en nuestra vida académica es el modelo positivista. Por esta razón, cuando el conocimiento en ciencias sociales pretende superar este enfoque, debe fundarse en la rigurosidad de lo observado y de sus datos.

Por otra parte, los fenómenos sociales en general y los educativos en particular manifiestan diferencias con los fenómenos naturales y entre ellos mencionaremos el carácter inacabado de los mismos, su dimensión creadora, la dimensión indeterminada en los fenómenos, es decir, el significado observable y el latente.

Es evidente que todo proceso investigativo se realiza desde una matriz conceptual, paradigma (Kuhn 1975) que define las características del objeto de estudio, la metodología empleada y los instrumentos utilizados. En esta investigación nos posicionaremos desde el paradigma interpretativo, que está en vía de consolidación y su supuesto básico es la necesidad de comprensión del sentido de la acción social en el contexto de la vida y desde la perspectiva de los participantes, según Irene Vasilachis de Gialdino (1993).

Wich (1971), citado por Vasilachis de Gialdino (1993: 81) plantea que en los estudios sociales no se pueden hacer predicciones ni generalizaciones, porque "la explicación histórica es la búsqueda de relaciones internas" y el modo de comprender los acontecimientos de la historia humana.

Nos basamos en este paradigma porque la intencionalidad y el sentido de nuestro objeto de estudio es la transformación del rol tradicional del enfermero, por la apropiación del rol educador y esa búsqueda de las relaciones internas y el modo de comprender los fenómenos, sugeridos por Wich, lo que permitiría la reconstrucción de las formas de pensar, sentir y actuar de los docentes y de los alumnos de la carrera de enfermería.

La propuesta de Sanmamed (1994), en su libro *Aprender a enseñar: mitos y realidades*, sobre los supuestos básicos de la investigación, nos sirvió para posicionarnos en el rol del docente; al respecto, concibe al profesor como un "constructivista", es decir, como un sujeto que ha sentido a la realidad que lo rodea y a través de ella, continuamente, construye, elabora y comprueba su visión del mundo.

Coincidimos en que estas concepciones fundamentan el accionar de las instituciones y a través de ellas se transfieren a la enseñanza, habiendo algunas que no las aceptan.

Taylor y Bogdam sostienen que la perspectiva fenomenológica es esencial para abordar nuestro estudio, porque para esto la conducta humana, es decir, lo que la gente piensa, dice y hace, es producto del modo en que se define su mundo. Para lograr esta perspectiva se utilizaron distintos instrumentos:

1. la entrevista dirigida semiestructurada,
2. la observación participante,
3. el cuestionario con preguntas abiertas.

Según Sanmamed (1994) es la técnica ampliamente utilizada en distintos contextos y también denominada entrevista en profundidad (Taylor-Bogdán, 1986), a la que definen como un encuentro cara a cara entre el investigador y los informantes, técnicas dirigidas a la comprensión de las perspectivas, respecto a sus experiencias y/o situaciones, expresadas con sus propias palabras.

Como en nuestra investigación nos interesa conocer dónde está la fractura sobre la apropiación del rol educador en el proceso de formación del enfermero y qué factores son los que obstaculizan o favorecen al mismo, consideramos que este instrumento es uno de los más adecuados, porque además existe una gama amplia de escenarios y personas.

Como la entrevista tiene algunos factores desfavorables, tratamos de utilizar el sentido crítico para procesar los aportes, para ser cautos en la explicación e interpretación de las respuestas, por los participantes.

Al ser dirigida y semiestructurada permitió reducir el tiempo y concretar los aspectos que interesaban y, para disminuir al máximo los inconvenientes, se grabaron, para no olvidar datos importantes.

Se aplicó a docentes y alumnos y el tiempo de duración fue de una hora promedio. Se dispuso que hubiera privacidad y tiempo para que ambos pudieran exponer sus opiniones. Los encuentros, sobre todo en los alumnos, fueron reiterados y en distintas situaciones de trabajo. Fue la técnica que más resultado dio para lograr la información sobre el objeto de estudio.

El instrumento de las entrevistas fue diseñado con el objetivo de flexibilizar y adaptarla al curso que interviene en el diálogo, previamente se hizo una prueba piloto, la que permitió a la investigadora dominar la técnica. La herramienta utilizada permitió información valiosa sobre la apropiación del rol educador; sin embargo, existió un conocimiento leve por parte de los encuestados del tema a investigar, que la investigadora no cree que esto invalide el camino recorrido, pero pone límite al estudio.

La entrevista a los docentes (Anexo 1) se llevó a cabo en la sala de profesores. Para contactarlos se solicitó autorización a la directora de la escuela. En total se entrevistaron cuatro docentes de las distintas materias troncales de enfermería, por ser estas donde se aplican conocimientos y habilidades en casos seleccionados.

En esta investigación se considera a estas personas como informantes claves por ser titulares de las materias estudiadas, teniendo en cuenta que la repetición de las respuestas de los mismos llevó a la saturación de la muestra.

Las entrevistas a los alumnos (Anexo II) se efectuaron en el lugar que se encontraban haciendo las prácticas. Los alumnos pertenecían a segundo y tercer año de la carrera de enfermería profesional. El contacto fue directo, previa autorización del docente que estaba a cargo del grupo de alumnos y en este proceso se seleccionaron a los alumnos que se encontraban realizando la práctica clínica.

La observación participante es una técnica que permite constituir un método de análisis de la realidad, en el que a través de la contemplación de los fenómenos accedimos a informaciones que nos permitieron interpretarlos y comprenderlos, en respuesta a los propósitos que guían nuestra investigación.

Nos decidimos por la observación participante (Anexo III) porque el compromiso activo por parte de los alumnos, cuando estaban en las prácticas clínicas, era esencial para lograr la aceptación, de igual modo para los docentes en los momentos de actividad en el aula. Pero siempre se tuvo claro la línea divisoria entre la objetividad y la subjetividad que plantean Taylor y Bodgán (1986) para no contaminar los acontecimientos.

Se utilizó una guía de preguntas cuyo objetivo fue detectar si durante estos momentos los docentes trabajaban contenidos conceptuales, procedimentales y actitudinales sobre educación para la salud y/o educación para el autocuidado y si el mismo tenía jerarquía conceptual y profunda.

La etapa de observación se dividió en:

1. participantes donde se observaron momentos de actividades en el aula (Anexo IV) y prácticas clínicas (Anexo V);
2. análisis documental (Anexo VII) del currículum o plan de estudio (reglamento vigente en la escuela, programa de tres materias troncales de enfermería, exámenes parciales escritos que los alumnos debían presentar como requisito de las prácticas clínicas. No se incorporó en los anexos este material a solicitud de los docentes.

Se dispone la utilización de un análisis documental en el ítem b, por ser una metodología cualitativa conveniente para el análisis de documentos.

Se decidió incorporar en el análisis las evaluaciones parciales escritas y planes de cuidados para detectar cómo evalúa el docente el concepto de educación para la salud y/o educación para el autocuidado. Dentro de esta misma etapa se observaron los programas para tener la visión de cómo se ordena el contenido de educación para la salud y/o educación para el autocuidado y qué tiempo y profundidad le dedica el docente a ese contenido en los momentos de actividades en el aula y en las prácticas clínicas.

Es importante aclarar que tanto como los programas las evaluaciones parciales y planes de cuidados no se expusieron en los anexos por ser material de la escuela y solo fue observado en ese ámbito.

El cuestionario de preguntas abiertas (Anexo VI) destinado a obtener respuestas a una serie de preguntas específicas y, en nuestro caso, a indagar sobre la opinión respecto al grado de apropiación de los alumnos de último año de la carrera, sobre el rol educador. Se abordó desde la materia troncal de enfermería de primer año, segundo y tercero, inclusive se decidió ver más allá. Dicho de otro modo, se preguntó si estaban trabajando y aplicaban la educación en su ámbito laboral.

Se entregaron un total de treinta cuestionarios al azar y anónimos. Esta herramienta sirvió para afirmar conceptos que los alumnos plantearon en las entrevistas y el objetivo del mismo fue evaluar qué grado de opinión tenía el alumno sobre el concepto de educación para la salud y educación para el autocuidado.

Para favorecer la lectura y el análisis del material recogido en el trabajo de campo se lo abordó de la siguiente manera.

En primer término se desglosó el material observado en el analizador curricular, haciendo un análisis de los conceptos claves planteados en los objetivos y comparando éstos con el trabajado por la escuela en estudio. Luego se observaron los programas siguiendo el lineamiento planteado y haciendo hincapié en objetivos y contenidos para detectar si el concepto de educación para la salud y/o autocuidado estaba presente. Estudiando luego el analizador enseñanza y por último la apropiación del rol educador; en este último concepto clave estuvo más relacionado con la evaluación y con la experiencia de la práctica clínica.

Para las entrevistas, ya sea de los docentes o de alumnos, se desgravaron textualmente y se revisaron las transcripciones, haciéndose un análisis con los analizadores o palabras claves.

Se utilizó la técnica de recorte (uso de cola y tijera) apartando los segmentos más propicios para identificar los datos relevantes, planteados en el apartado de los analizadores.

Para los momentos de actividades en el aula, las prácticas clínicas y los cuestionarios de los alumnos de tercer año se utilizó el mismo método.

Del curriculum a la apropiación del rol educador

La recolección de los datos comenzó en el mes de junio y finalizó en el mes de noviembre. Fue realizada en tres etapas que graficamos más abajo.

Se decidieron abarcar las tres materias troncales de enfermería, que son:

- Primer año: Historia de la enfermería.
- Segundo año: Enfermería en la atención del adulto y del anciano.
- Tercer año: Enfermería en la atención de la mujer, el niño y el adolescente.

Se abordaron los analizadores en el siguiente orden:

- Currícula.
- Programas.
- Enseñanza.
- Apropiación del rol educador.

Primera etapa

La primera etapa comenzó con el análisis documental del analizador curricular, abarcando espacios curriculares y contenidos conceptuales, procedimentales y actitudinales de educación para la salud y/o educación para el autocuidado entre las materias troncales de enfermería.

Cuadro N° 1
Análisis documental del curriculum o plan de estudio – Decreto ley 35/69 de la escuela en estudio. Rosario, año 2000

MARCO CONCEPTUAL DECRETO LEY 35/69	ACTIVIDADES RELACIONADAS CON LA PROMOCIÓN DE LA SALUD. OBJETO DE ESTUDIO: NO ESTÁ CLARO
MARCO CONCEPTUAL DE LA ESCUELA TRABAJADO POR DOCENTES	OBJETO DE ESTUDIO: HOMBRE, FAMILIA, GRUPOS ESPECÍFICOS, COMUNIDAD. NECESIDADES: PROMOCIÓN, PREVENCIÓN, RECUPERACIÓN. PROPÓSITO: AYUDAR AL HOMBRE, FAMILIA A ENFRENTAR LOS PROBLEMAS DE SALUD
DEFINICIÓN DE ENFERMERÍA. CAP. I: FINES Y OBJ.	ENTIÉNDASE POR ENFERMERÍA PROFESIONAL. NO DEFINIDA COMO PROFESIONAL SINO COMO COLABORADORA DEL MÉDICO. POSEE HABILIDADES PARA RECONOCER NECESIDADES DE SALUD
CONTENIDOS SOBRE EDUCACIÓN PARA LA SALUD	ACTITUDINAL: NO ESTÁN PRESENTE, SOLO EN OBJETIVOS. PROCEDIMENTAL: POCOS, RELACIONADO CON LA PRODUCCIÓN. CONCEPTUAL: POCOS, MUCHOS CONTENIDOS BIOLÓGICOS
CONTENIDOS SOBRE EDUCACIÓN PARA EL AUTOCUIDADO	NO ESTÁ PRESENTE
EVALUACIÓN	REGLAMENTO: OBJETIVA A TRAVÉS DE UNA ESCALA NUMÉRICA

Para posicionarnos en el análisis del currículum, que como explicitamos en su definición dentro del marco teórico consideramos el nexo entre la cultura y escuela, constituyendo en un momento histórico y social para desarrollar la capacidad humana de pensar, de criticar, de crear, generando una tentativa para comunicar rasgos esenciales del proyecto educativo. Detrás de todo currículum existe una filosofía teórica que sintetiza posiciones científicas, epistemológicas, pedagógicas y también sociales. Relacionando lo presentado anteriormente señalamos que el interés técnico se basa en el control y la manipulación del ambiente, cuya palabra clave es objetiva y supone determinadas relaciones de poder en el medio de aprendizaje.

El currículum que utiliza la escuela de enfermería en estudio está basado en la decreto ley 35/69 (anexo N° VII) y fue formulado en un momento histórico-social que es obsoleto para nuestra actualidad, porque la pretensión de reproducir la realidad de aprendizaje de ese momento pertenecía a un contexto social distinto. Sus principios señalan que la enseñanza de enfermería ha de fundarse en una concepción espiritualista del hombre como persona, sin definir el rol de enfermero sino delimitándolo a "entiéndase por enfermera profesional" y en esta la explicación define a la enfermera como "colaboradora del médico" y no como impulsora de cuidados que brinda enfermería al sujeto de atención.

En el reglamento para la enseñanza, en el capítulo 1, denominado "Fines y objetivos", se señala la estimulación de habilidades para ayudar al individuo, familia y comunidad a reconocer las necesidades de salud, utilizando recursos disponibles para satisfacerla.

En el currículum oficial no existen contenidos sobre el concepto de educación para el autocuidado, en cambio para el concepto de educación para la salud se observó que existen objetivos con contenidos conceptuales en las mayorías biológicas, procedimentales, relacionadas con la promoción de la salud y contenidos actitudinales sobre educación. Concluimos expresando que en el currículum oficial hay una tendencia respecto al plan de estudio que incluye materias con mayor concepto en áreas biológicas que en las ciencias sociales, por ese motivo los docentes tratan de incorporar contenidos de esas disciplinas.

Otra observación que se hizo dentro de este analizador fue el marco conceptual y nos encontramos que ante la ausencia de la definición de enfermería los docentes en talleres plenarios conformarán su propio marco conceptual (anexo N° VIII). En el mismo se aclara que el objeto de atención que tiene la profesión de enfermería es el hombre como ser individual, familiar, grupos específicos y comunidades planteando que estos reciben las influencias del contexto y que las necesidades de atención se refieren al campo de la promoción, prevención y recuperación de la salud.

Este marco conceptual tiene relación con el paradigma actual de enfermería, que se concentra como ya dijimos en cuatro conceptos: hombre, contexto, salud y cuidado, diferenciándose con el marco conceptual del currículum oficial que también plantea que la enseñanza de enfermería "ha de fundarse en una idea espiritualista del hombre como persona", deslizando esta idea hacia la familia, pero sin profundizarla.

Según el reglamento el plan de estudios se divide en áreas:

- Ciencias físicas y biológicas. Disciplinas afines.
- Estudios profesionales.
- Ciencias sociales y humanistas.

La escuela hizo un replanteo de estas áreas quedando como materias troncales y anuales de enfermería, en el primer año, Historia de la Enfermería, en segundo año Enfermería en la atención del adulto y el anciano y Enfermería en la atención de la Mujer, el Niño y el Adolescente en tercer año. A través de este contexto se realiza la observación de los programas, de las evaluaciones parciales y de los planes de cuidado.

Cuadro Nº 2
Observación del programa de la materia Historia de la enfermería de la escuela en estudio.
Rosario, año 2000

MATERIAS	AÑO	OBJETIVOS	CONTENIDOS. EDUC. PARA LA SALUD			ACTIVIDADES	EVALUACIÓN DEL CONTENIDO EDUCACIÓN PARA LA SALUD	INSTRUMENTOS
			EDUC. PARA LA SALUD	CONCEP.	PROCED.	ACTITUD.	SOBRE CONTENIDO	
HISTORIA DE LA ENFERMERÍA	1º	NO HAY	NO ESTÁN	NO ESTÁN	NO ESTÁN	NO ESTÁN EXPLICITADAS	NO ESTÁN EXPLICITADAS	NO SE EXPLICITAN INSTRUMENTOS PARA EVALUAR EL CONTENIDO Y/O EDUCACIÓN PARA EL AUTOCUIDADO
		NO HAY CONTENIDOS SOBRE EDUCACIÓN PARA EL AUTOCUIDADO						

Ante lo expuesto en el cuadro nº 2, y siguiendo el análisis sobre el programa o proyecto de cátedra de la materia Historia de la Enfermería, podemos identificar que no se explicitan contenidos específicos sobre educación para la salud y/o educación para el autocuidado, por lo tanto, tampoco se contemplaron en la evaluación espacios para este contenido. Las instancias evaluativas son planteadas en actividades generales y con distintos instrumentos, pero no se aclara qué concepto se quiere evaluar. Este criterio tiene relación con la escuela tradicional que evalúa el hecho, el concepto de lo que el alumno aprendió, evaluando solo los contenidos de la actitud generada por estrategias didácticas reducidas a clases expositivas, verbalistas, que permite evaluar la adquisición de un conocimiento atomizado.

Cuadro N° 3
Observación de parciales escritos de la materia Historia de la enfermería de la escuela en estudio. Rosario, año 2000

MATERIA	AÑO	PARCIAL	EVALUACIÓN DEL CONCEP. DE EDUC. P/ LA SALUD Y/O AUTOCUIDADO
HISTORIA DE LA ENFERMERÍA	1°	1°	SE EVALÚA CON RESPECTO AL CONCEPTO DE ENFERMERÍA Y SU MARCO CONCEPTUAL. EDUCACIÓN SOBRE ASPECTOS DE ALIMENTACIÓN
		2°	NO SE EXPLICITAN PREGUNTAS SOBRE ESTE CONTENIDO

En el cuadro N° 3 el esquema sobre la observación de los parciales escritos de la materia Historia de la enfermería nos muestra que en el primer parcial se evalúa en forma determinante el concepto de educación para la salud en la definición de enfermería, planteado dentro del marco conceptual elaborado por los docentes y se interroga dicho concepto en relación al rol de enfermería sobre aspectos referidos a la necesidad de alimentación, a través de preguntas a formular.

En el segundo parcial se pregunta sobre acciones de enfermería, en las que no está implícita o explícita la acción de educar.

En esta materia no se observaron los planes de cuidados ni las prácticas clínicas, porque se decidió abordar la recolección de datos con mayor profundidad en segundo y tercer año.

Cuadro N° 4
Observación del programa de la materia Enfermería en la atención del adulto y del anciano de la escuela en estudio. Rosario, año 2000

MATERIA	AÑO	OBJETIVOS S/ EDUCACIÓN P/ LA SALUD	CONTENIDOS S/ EDUCACIÓN P/ LA SALUD			ACTIVIDADES	EVALUACIÓN S/ EL CONCEPTO DE EDUCACIÓN P/ LA SALUD Y/O AUTOCUIDADO	INSTRUMENTOS
			CONCEP.	PROCEDIM.	ACTITUD.			
ENFERMERÍA EN LA ATENCIÓN PARA EL ADULTO Y EL ANCIANO	2°	NO SE EXPLICITA UN OBJETIVO GENERAL				NO HAY ACTIVIDADES INTERMEDIAS EXPLÍCITAS EN LOS MOMENTOS ÁULICOS S/ EL CONCEPTO DE EDUCACIÓN P/ LA SALUD, NI S/ EL CONCEPTO DE AUTOCUIDADO	SE EXPLICITA LA EVALUACIÓN EN GENERAL COMO UN PROCESO EVALÚATIVO, NO SE EXPLICITA CÓMO EVALUAR EL CONCEPTO DE EDUCACIÓN P/ LA SALUD, NI EL CONCEPTO DE AUTOCUIDADO QUE SE NOMBRA EN LA UNIDAD I	NO SE EXPLICITAN INSTRUMENTOS P/EVALUAR EL CONTENIDO DE EDUCACIÓN P/ LA SALUD Y/O EL CUIDADO
			NO SE EXPLICITAN	NO SE EXPLICITAN	NO SE EXPLICITAN			
		NO SE EXPLICITA NINGUN OBJ. P/ EL AUTOCUIDADO	CONTENIDOS SOBRE EDUC. P/ EL AUTOCUIDADO					
			SE EXPLICITA EN LA UNIDAD I					

El cuadro n° 4 nos muestra el resultado de las observaciones en el programa de segundo año de la materia Enfermería en la atención del Adulto y el Anciano, que es anual y si la relacionamos con la materia Historia de la Enfermería podemos decir que el concepto de educación para la salud está más profundizado que en primer año. Los contenidos están organizados a través de unidades temáticas, pero observándose un objetivo general sobre la educación para la salud y en una de sus unidades se especifica el concepto de autocuidado, sin objetivo propuesto y sin práctica intermedia que permitan afianzar este contenido en el aula. Este concepto está mencionado en la Unidad I y no es retomado en las unidades siguientes, siendo que este cuidado de enfermería concierne a todas las unidades del programa.

En el apartado de evaluación los docentes utilizan el mismo criterio y evaluación para el programa de Historia de la Enfermería. Se menciona el proceso evaluativo y los instrumentos de manera general, sin explicitar qué objetivos se quieren lograr con el alumno y en ningún momento se menciona la educación para la salud como un concepto a evaluar.

Cuadro N° 5
Observación de parciales escritos y planes de cuidado de la materia Atención de enfermería en el adulto y el anciano de la escuela estudio. Rosario, año 2000

MATERIA	AÑO	PLAN DE CUIDADO	PARCIAL	CONCEPTO DE EDUCACIÓN P/ LA SALUD Y/O AUTOCUIDADO
ENFERMERÍA EN LA ATENCIÓN DEL ADULTO Y EL ANCIANO	2°	NO TODOS LOS ALUMNOS PLANTEAN LA EDUCACIÓN COMO UN CUIDADO DE ENFERMERÍA	1°	NO SE PREGUNTA EXPLÍCITAMENTE, SE EVALÚAN CONTENIDOS BIOLÓGICOS Y PROCEDIMENTALES CON RESPECTO A LAS ACCIONES DE ENFERMERÍA, NO SE EVALÚA LA ACCIÓN DE EDUCAR
		LOS DOCENTES UTILIZAN UNA PLANILLA ESTANDARIZADA PARA EVALUAR, NO SE EXPLICITA EL CONCEPTO DE EDUCACIÓN	2°	SE OBSERVA LA MISMA FORMA DE EVALUAR AL PRIMER PARCIAL, NO SE EVALÚA SI EL ALUMNO DETECTA LA NECESIDAD DE APRENDIZAJE EN EL SUJETO DE ATENCIÓN

En este cuadro n° 5 se observó el criterio que tienen los docentes para evaluar, el cual también se detectó en primer año. Generalmente las preguntas están orientadas a los conceptos biologistas y el contenido de educación está implícito. Por ejemplo, cuando se les solicita que planifiquen las acciones de enfermería para el paciente quirúrgico, el alumno puede detectar o no las necesidades de aprendizaje del sujeto de la atención, pero si no las detecta no es inducido por el docente para hacerlo y esto no influye en su calificación.

Otras de las observaciones dentro de esta disciplina es que los alumnos deben presentar el proceso de atención de enfermería (P.A.E.), como actividad práctica. Se tomaron al azar diez procesos que estaban corregidos por los docentes y se detectó que dentro de esta evaluación no figuraba en los aspectos evaluados el concepto de educación. Lo más llamativo es que para los docentes ciertos P.A.E. estaban corregidos como "excelentes" y al igual que en los exámenes parciales escritos. Muy pocos alumnos detectaron el concepto de educación para planear las acciones de enfermería.

Cuadro N° 6
Observación del programa de la materia Enfermería en la atención de la mujer, el niño y el adolescente de la escuela en estudio. Rosario, año 2000

MATERIA	AÑO	OBJETIVOS S/ EDUCACIÓN P/ LA SALUD	OBJETIVOS S/ EDUCACIÓN P/ LA SALUD			ACTIVIDADES	EVALUACIÓN S/ EL CONCEPTO DE EDUCACIÓN P/ LA SALUD Y LA EDUCACIÓN P/ EL AUTOCUIDADO	INSTRUMENTOS
			CONCEP.	PROCED.	ACTITUD.			
ENFERMERÍA EN LA ATENCIÓN DE LA MUJER, EL NIÑO, Y EL ADOLESCENTE	3°	EXPLÍCITO EN EL OBJETIVO GENERAL	EXPLÍCITO EN DISTINTAS UNIDADES. EJ. EDUCACIÓN P/ LA LACTANCIA	IDEM. EJ. NORMAS DE PREVENCIÓN	SÍ, EN FORMA IMPLÍCITA. EJ. PERFIL DEL ENFERMO EN EL ÁREA MATERNO INFANTIL	NO HAY ACTIVIDADES SOBRE EDUCACIÓN	SE UTILIZAN DISTINTAS INSTANCIAS COMO PROCESO EVALUATIVO SIGUIENDO EL MISMO MODELO QUE LAS OTRAS MATERIAS	NO SE EXPLICITAN INSTRUMENTOS PARA EVALUAR EL CONCEPTO DE EDUCACIÓN

Al continuar con el análisis de los programas, en el cuadro nº 6 se observa que recién en el tercer año, con la materia Enfermería en la Atención de la Madre, el Niño y el Adolescente, se refuerza el contenido de educación para la salud, con objetivos generales, no existiendo objetivos específicos para el tema, ni para la educación para el autocuidado.

Se observó que se profundizan contenidos conceptuales, procedimentales y actitudinales con respecto al concepto de educación para la salud, no apareciendo el concepto de educación para el autocuidado en clase teórica ni en actividades intermedias.

Las instancias evaluativas están planteadas de manera general, sin especificar que se evaluará sobre el concepto de educación para la salud, siguiendo el mismo criterio que en las otras materias.

Cuadro Nº 7
Observación de los parciales escritos y planes de cuidado en la materia Enfermería en la atención de la mujer, el niño y el adolescente de la escuela en estudio. Rosario, año 2000

MATERIA	AÑO	PLAN DE CUIDADO	PARCIAL	CONCEPTO DE EDUCACIÓN P/ LA SALUD Y/O AUTOCUIDADO
ENFERMERÍA EN LA ATENCIÓN DE LA MUJER, EL NIÑO, Y EL ADOLESCENTE	3º	NO TODOS LOS ALUMNOS PLANTEAN LA EDUCACIÓN, AQUELLOS QUE LO HACEN NO LO PROFUNDIZAN	1º	SE EVALÚA EL CONCEPTO EN UN POST OPERATORIO GINECOLÓGICO
			RECUP. 1º	NO SE PREGUNTA EN FORMA EXPLÍCITA
			RECUP. 2º	SE EVALÚA EN HECHOS CONCRETOS

El cuadro nº 7 nos muestra cómo se evalúa el concepto de educación explicitado en el programa. Al igual que en las otras materias se observaron al azar exámenes parciales escritos, pero en estos el concepto de educación está explícito en las preguntas de selección múltiple.

Se observaron diez planes de cuidados, detectándose que en seis de ellos está planteado el concepto de educación pero no profundizando en cómo realizarán y cómo sistematizarán el procedimiento.

La forma de evaluarlos es la misma que utilizan los docentes de otras materias ya que está estandarizada a través de una planilla (anexo IX). Destacamos que si el alumno no plantea la necesidad de educación el docente no lo induce a rever las acciones de enfermería observándose que cuatro de los planes de cuidados en los cuales no estaba planteado el concepto de educación tenía nota de muy bueno.

Cuadro N° 8
Observación de las actividades de enseñanza en las tres materias anuales de enfermería de la escuela en estudio. Rosario, año 2000

MATERIA	AÑO	ACTIVIDADES DE ENSEÑANZA	CONCLUSIONES
HISTORIA DE LA ENFERMERÍA	1°	SE PLANTEA EN FORMA GENERAL NO SE ESPECIFICA QUÉ SE UTILIZARÁ EN CADA TEMA	NO HAY ACTIVIDADES INTERMEDIAS EN LOS MOMENTOS DE AULA PARA ADQUIRIR HABILIDADES SOBRE EDUCACIÓN PARA LA SALUD
ENFERMERÍA EN LA ATENCIÓN DEL ADULTO Y EL ANCIANO	2°	IDEM ANTERIOR	IDEM ANTERIOR
ENFERMERÍA EN LA ATENCIÓN DE LA MUJER. EL NIÑO, Y EL ADOLESCENTE	3°	SE NOMBRAN MÉTODOS Y TÉCNICAS EN GENERAL	IDEM ANTERIOR

En este cuadro N° 8 se observa que las actividades de enseñanza en los programas están planteadas en forma general, no especificándose actividades intermedias, y sí entendiéndose por éstas a aquellas utilizadas por los docentes en los momentos de actividades en el aula para afirmar y facilitar en los programas la transferencia de conceptos dados. Tampoco se especifican en los programas cuáles son las actividades que se utilizarán para los distintos niveles, dicho de otra manera, no se explicita qué técnica de enseñanza se empleará para lograr los objetivos procedimentales, conceptuales y actitudinales planteados en cada uno de los programas de las materias estudiadas.

Algunas conclusiones parciales de la primera etapa

Éstas se obtienen a partir de la observación no participante de los siguientes analizadores: a) Curricular; b) Programa o proyecto de cátedra de las materias troncales de enfermería, observaciones de parciales escritos y planes de cuidado; c) Enseñanza.

Desde lo curricular podemos decir que los resultados mostraron que el currículum oficial de la escuela en estudio es caduco y su marco conceptual no coincide con la nueva "autoconciencia de enfermería" (Thompson, 1985). Como sostiene en este mismo sentido Durán de Villalobos (1988: 77), ésta "comienza con una transición de la percepción ingenua de los objetos hacia la atención reflexiva en sí mismo". Nos posicionamos en este pensamiento porque la comunidad de enfermería ha comenzado a analizarse a sí misma con el objeto de mirar con un sentido crítico la forma de transmitir el conocimiento y su transferencia a la práctica. Este signo de madurez intelectual que Thompson lo denomina autoconciencia también lo sintieron los docentes de enfermería de la escuela en estudio. A raíz de que el marco conceptual y la definición de enfermería de la currícula oficial no satisfacían sus necesidades, se reunieron en un plenario docente creando un marco conceptual que es el que se trabaja con los alumnos en primer año. Este tiene mucha relación con el paradigma de enfermería, que identifica los cuatro conceptos mencionados anteriormente.

El currículum oficial está orientado hacia el paradigma médico notándose la ausencia del concepto de autocuidado, con ideas relacionadas con el fenómeno médico: "signo, síntoma, patología, medicación" (Durán de Villalobos, 1998) y el plan de estudio está dividido en áreas con contenidos biológicos.

Ante la ausencia de funcionalidad los docentes reunieron estas áreas, generando las tres materias anuales analizadas.

La observación de los objetivos de los programas de estas materias dieron como resultado que el cambio en el marco conceptual permitió una apertura para el concepto de educación para la salud y/o educación para el autocuidado, pero no logró la coherencia entre los aspectos del proceso educativo necesario para favorecer la apropiación del rol educador. Para continuar con el concepto de un curriculum basado en el interés técnico como se detecta en el curriculum oficial de la escuela en estudio, donde predomina el objeto y el control, como parte del aprendizaje decimos que coincidimos con Grundy, quien plantea que cuando un diseño curricular está orientado hacia el reduccionismo del modelo médico y la tendencia del docente para desarrollar sus actividades con sus intentos por los cambios planteados en el marco conceptual y las actividades de enseñanza.

En el analizador programa y enseñanza en la materia Historia de la enfermería concluimos que:

- No hay objetivos explícitos para el contenido de educación para la salud y/ autocuidado, si bien en uno de los objetivos generales se señala la identificación de las necesidades básicas de la familia, del sujeto y de pequeños grupos etarios;

- no se explicitan contenidos específicos sobre los aspectos a tener en cuenta en relación a educación para la salud y/o educación para el autocuidado;
- no hay actividades explicitadas para abordar el concepto de educación para la salud y/o autocuidado;
- a nivel del programa no está explicitado los instrumentos para evaluar el contenido de educación para la salud y/o autocuidado.

En la observación de los parciales escritos concluimos que:

- En el primer parcial fue evaluado el concepto de educación para la salud incluido en la definición de enfermería y en relación al rol de la misma, con respecto a la necesidad de alimentación del sujeto de la atención;
- en el segundo parcial no se explicitan preguntas sobre este contenido.

Por lo tanto concluimos que en esta materia no hay secuencia, continuidad y profundidad sobre el concepto de educación para la salud y/o educación para el autocuidado.

En la materia Enfermería en la atención, el adulto y el anciano concluimos que:

- Se explicita un objetivo general referente al rol desempeñado de enfermería con respecto a la formación de la salud; no encontrándose objetivos para el concepto de autocuidado;
- no se explicitan contenidos sobre educación para la salud. En la unidad I se encuentra el contenido de autocuidado a nivel conceptual;

- no hay actividades explícitas de cómo se abordará el contenido mencionado;
- en la instancia de evaluación en el programa no se explicitan instrumentos para evaluar el concepto de educación para la salud y/o autocuidado.

En la observación de parciales escritos y planes de cuidado concluimos que:

- Tanto en el primer parcial como en el segundo, no se evalúa el concepto de educación para la salud y/o autocuidado; si el alumno no lo detecta, no se lo induce a hacerlo;
- en los planes de cuidado observados se detectó que dentro de la evaluación no figuraba el concepto de educación para la salud y/o autocuidado.

Por lo tanto concluimos que en esta materia no hay secuencia, continuidad y profundidad respecto al concepto de salud y/o educación para el autocuidado; pero sí se detectó secuencia y profundidad con respecto a la materia Historia de la enfermería.

En la observación de la materia Enfermería en la atención de la mujer, el niño y el adolescente concluimos que:

- Hay objetivo explícito sobre educación para la salud pero no sobre educación para el autocuidado;
- hay contenidos conceptuales, procedimentales y actitudinales sobre el contenido de educación para la salud, pero no para autocuidado;
- no hay actividades para abordar estos contenidos;
- no hay en el programa instrumentos explicitados de cómo se evaluará el concepto de educación para la salud.

En la observación de parciales escritos y planes de cuidados concluimos que:

- Se evalúa en hechos concretos (acciones) el concepto de educación para la salud en los parciales pero a un nivel de planes de cuidado; si los alumnos no plantean el concepto de educación para la salud no se los induce a hacerlo.

Por lo tanto concluimos que en esta materia hay secuencia y continuidad pero no profundidad en el concepto de educación para la salud; no así sobre el concepto de autocuidado; existe secuencia, continuidad y profundidad con respecto a la materia del año anterior.

Por lo tanto, concluimos en esta primera parte de la información recogida que hay factores que obturan la apropiación del rol educador, determinando las siguientes aseveraciones:

- No se observa una modificación real en el desarrollo de las materias troncales; orientado hacia el concepto de enfermería, adoptado y expresado en el marco conceptual creado por los docentes y basado en los conceptos que apoya el paradigma de enfermería;
- se menciona en forma general al concepto de educación para la salud, no especificando la resolución de detectar y resolver la necesidad de educar al sujeto de la atención o cómo enseñar a autocuidarse;
- no se hace mención en los objetivos de los programas a la forma de detectar y resolver la necesidad de educación o autocuidado;
- no se observa la evaluación del contenido de educación para la salud como parte del rol de enfermería, sino como un concepto aislado y sin actividades de aplicación;

- no se observa en la evaluación de actividades prácticas, ni intermedias la aplicación del concepto de educación para la salud y/o educación para el autocuidado.

Segunda etapa

Esta etapa comprende entrevistas a los docentes y observación de los momentos en el aula.

Como se explicitó anteriormente, las entrevistas tuvieron una duración de una hora promedio, fueron dirigidas con preguntas abiertas y se realizaron en la sala de profesores, que es el área de trabajo del docente.

Para su mejor lectura y análisis se dividieron y se analizaron a través de los analizadores o palabras claves.

Para poder explicitarlo denominamos a los docentes como A y B.

Cuadro N° 9
Entrevista a los docentes de la materia Historia de la enfermería de la escuela en estudio.
Rosario, año 2000

MATERIA	AÑO	ANALIZADOR	DOCENTE	CONCEPTO ESENCIAL SOBRE EL CONCEP. DE EDUCACIÓN
HISTORIA DE LA ENFERMERÍA	1°	CURRICULAR	A	ABSOLETA. CONTENIDOS BIOLOGISTAS. UNIFICACIÓN DE CRITERIOS
			B	EDUCACIÓN FUNDAMENTAL VARIABLE PARA CAMBIAR EL PERFIL DEL ENFERMERO
		PROGRAMA	A	SON TRABAJADOS TODOS LOS AÑOS MUCHOS CONTENIDOS BIOLÓGICOS
			B	EL ROL NO DA EL ABORDAJE PARA EDUCAR, PRIMERO SE DA EL PATRÓN NORMAL PARA LUEGO ABORDAR LO PATOLÓGICO; NO SE PUEDE ENSEÑAR LA EDUCACIÓN
		ENSEÑANZA	A	LA METODOLOGÍA ES ACORDE A LOS CONTENIDOS. SE ENSEÑA A EDUCAR A TRAVÉS DE LA PREPARACIÓN DE CHARLAS, SE LOS PONE EN SITUACIÓN PERMANENTE
			B	SE PROBLEMATIZA EL CONOCIMIENTO
		APROPIACIÓN DEL ROL EDUCADOR	A	HAY FACTORES QUE SON INHERENTES A LA PROFESIÓN PERO EL SISTEMA UTILIZADOR NO LO VE
			B	HAY ALUMNOS QUE SE DEDICAN A LO PROCEDIMENTAL Y OTROS A EDUCAR

Los docentes de la materia Historia de la enfermería tienen en claro que la currícula oficial es obsoleta y lo verbalizaron de la siguiente manera:

Docente A: "*Sostenemos que nuestra currícula es obsoleta, la definición de enfermería no está claramente definida, sus contenidos están basados en conceptos biologistas, si bien se habla mucho de un cambio sustancial y de los cambios sociales, sería importante 'blanquear' lo que se hace y unificar los criterios con las otras escuelas de la provincia...*" y continúa con respecto a los programas: "*no están estandarizados, los realizamos nosotros y cada año se decide si continúan con el mismo contenido, lo aumentamos o lo disminuimos, pero eso sí tienen mucho contenido biologista, las metodologías de enseñanza son acorde a los contenidos, se enseña a educar a través de la preparación de charlas, se los ponen en situaciones reales, trabajamos junto a Introducción a la salud pública"* y continúa *"el tema de educación es difícil, hay factores que son inherentes a la profesión, pero el sistema no los utiliza, no los ve".*

Docente B. Cuando se le preguntó sobre el concepto de educación en la currícula sostuvo: *"Considero que la educación es fundamental, como una variable que podría modificar el perfil del enfermero, pero la currícula que utilizamos no le da una importancia, no trata desarrollar individuos más pensantes si no que está basado en lo procedimental... La currícula es obsoleta, se enseña sobre principios inadecuados, queda todo en lo teórico y está muy cargada de conocimientos biologistas, apareciendo el curriculum oculto que no está explicitado y que modifica estás cuestiones de lo manifiesto"* ... *"Los programas los elaboramos nosotros, pero como están preparados no facilita que se aborde el rol que se quiere en este momento, no da el abordaje para educar, nosotros al tener primer año, primero debemos abordar lo patológico, para luego enseñar la educación, primero el patrón normal, para luego lo patológico"* y continúa abordando la metodología de enseñanza haciendo hincapié en que *"nosotros problematizamos el conocimiento a través de situaciones reales, pero no todos los alumnos educan, algunos se dedican a lo procedimental y otros a educar, por eso es difícil evaluar".*

Cuadro N° 10
Entrevista a docente materia Enfermería en la atención del adulto y el anciano de la escuela en estudio. Rosario, año 2000

MATERIA	AÑO	ANALIZADOR	DOCENTE	CONCEPTO ESENCIAL DE LO OBSERVADO SOBRE EL CONCEPTO DE EDUCACIÓN Y/O AUTOCUIDADO
ENFERMERÍA EN LA ATENCIÓN DEL ADULTO Y EL ANCIANO	2°	CURRICULAR	A	SON LAS INCUMBENCIAS, COMPETENCIAS Y EL PERFIL QUE CABE ESPERAR EN CADA EGRESADO SEA LO MÁS AJUSTADO A LA REALIDAD
			B	ES EL PLAN DE ESTUDIO, PERO ES OBSOLETO
		PROGRAMA	A	LOS PROGRAMAS LOS HACEMOS NOSOTROS, LOS CONTENIDOS SE REALIZAN POR PATOLOGÍAS Y LUEGO SE UTILIZA EL P. A. E.
			B	EDUCACIÓN PARA LA SALUD ES IMPORTANTE. NOSOTROS TRABAJAMOS LOS PROGRAMAS DESDE LA ATENCIÓN PRIMARIA
		ENSEÑANZA	A	LUEGO DE CADA TEMA HACEMOS UN P.A.E. COMO GABINETE
			B	SE INTEGRAN TODOS LOS CONTENIDOS
		APROPIACIÓN	A	SE EVALÚA A TRAVES DE FORMATIVAS Y LOS CONTENIDOS DE EDUCACIÓN DEBEN SER PLASMADOS EN EL PLAN DE CUIDADO
		DEL ROL EDUCADOR	B	LA MATERIA ES MUY LARGA, HAY DIFICULTADES EN LOS CONTENIDOS, LA EVALUACIÓN SE HACE CON CUATRO PARCIALES Y EL FINAL CON UN P.A.E. CON UN PACIENTE ASIGNADO EN LA SALA, SE REALIZA UN EXAMEN INTEGRADO

El resultado de las entrevistas de los docentes de la materia Enfermería en la atención del adulto y el anciano se esquematizó en el cuadro N° 10. Allí se muestra el mismo criterio de los docentes de la materia anterior. Cuando al docente A se le preguntó sobre la currícula, respondió de la siguiente manera:

"Los currículas son las incumbencias (competencias) *y el perfil que cabe esperar en cada egresado, lo más ajustado posible de la realidad"* … *"Nosotros los programas los hacemos, los contenidos se organizan por patologías y luego se utilizan el P.A.E.* (proceso de atención de enfermería) *Eso lo hacemos luego de cada tema, el P.A.E. como gabinete"* … *"¿Cómo evaluamos el contenido?, bueno, lo hacemos a través de formativas y los contenidos de educación deben ser plasmado en el plan de cuidado".*

El docente B, en la entrevista, estuvo muy dispuesta y manifestó lo siguiente:

"La currícula es el plan de estudio, pero el nuestro es obsoleto... Consideramos los programas como el proyecto anual y la educación para la salud es de vital importancia para evitar la enfermedad. Nosotros trabajamos los programas desde la atención primaria, porque con esta se puede evitar la hospitalización, pero no hay tendencias políticas para la prevención... Nosotros tratamos de integrar los contenidos, aunque es una materia muy larga y hay dificultades con ellos. Se evalúa a través de cuatro parciales y el final depende un P.A.E. con un paciente asignado en la sala, se realiza un examen integrado".

Cuadro N° 11
Entrevista a docente de la materia Enfermería en la atención de la mujer, el niño y el adolescente en la escuela en estudio. Rosario, año 2000

MATERIA	AÑO	DOCENTE	ANALIZADOR	CONCEPTO ESENCIAL DE LO OBSERVADO SOBRE EL CONCEPTO DE EDUCACIÓN Y/O AUTOCUIDADO
ENFERMERÍA EN LA ATENCIÓN DE LA MUJER, EL NIÑO Y EL ADOLESCENTE	3°	A	CURRICULAR	NUESTRA CURRÍCULA ES VIEJA, TIENE MUCHO CONTENIDO BIOLÓGICO
			PROGRAMA	EL PROGRAMA ES LARGO PERO INTEGRA MUCHOS CONTENIDOS DE EDUCACIÓN. LA MADRE Y EL NIÑO LO NECESITAN
			ENSEÑANZA	TRABAJAMOS MUCHO CON LA RESOLUCIÓN DE PROBLEMAS
			APROPIACIÓN DEL ROL EDUCADOR	NOS DIJERON QUE ESTE AÑO TRABAJEMOS LA EDUCACIÓN PERO CUESTA EVALUAR AL ALUMNO, SOBRE TODO EN LA PRÁCTICA

El cuadro N° 11 esquematiza las entrevistas realizadas a los docentes de la materia Enfermería en la atención de la mujer, el niño y el adolescente. En esta materia se entrevistó a un solo docente porque cuando se comenzó a recolectar datos estaban en el periodo de la práctica clínica. En la entrevista realizada se verbalizó de la siguiente manera: *"nuestra currícula es vieja, tiene mucho contenido biologista, el programa es largo, pero se nos dijo que se integren los contenidos de educación. Este año hagamos hincapié en la educación".* Con mucho énfasis dice: *"el rol de enfermería está en la educación y no en el cuidado, pero fuera del hospital, es decir, atención primaria y enfermería perdió espacio en la educación primaria porque el lugar lo tomaron los médicos..."* y luego continuó: *"esta materia integra la madre y el niño, quienes necesitan educación, tratamos de evaluar a través de la problematización y la resolución de problemas, pero cuesta evaluar al alumno, sobre todo en la práctica, porque no estamos permanentemente junto a él".*

La exposición sobre la observación no participante de las actividades del aula se divide en número de clases y se destacan a los docentes con letras. La materia observada fue Historia de la enfermería y las clases observadas:

1. Necesidades de líquidos y electrolitos (docente A).
2. Respiración (docente A).
3. Circulación (docente A).
4. Signos vitales (docente A).
5. Talleres sobre artículos (docente B).

Cuadro N° 12
Observación de las actividades en el aula de la materia Historia de enfermería de la escuela en estudio. Rosario, año 2000

MATERIA	AÑO	DOCENTE	CLASE	CONTENIDO ESENCIAL DE LO OBSERVADO SOBRE EL CONCEPTO DE EDUCACIÓN Y/O AUTOCUIDADO
HISTORIA DE LA ENFERMERÍA	1°	A	1	SE TRABAJAN SABERES PREVIOS, NO SOBRE EDUCACIÓN, SE RELACIONAN CONTENIDOS, NO SOBRE EDUCACIÓN. POCOS CONTENIDOS PROCEDIMENTALES. POCOS CONTENIDOS ACTITUDINALES. POCOS CONTENIDOS CONCEPTUALES. NO HAY JERARQUÍA SOBRE EL CONCEPTO DE PARTE DEL ALUMNO. NO HAY PRÁCTICA INTERMEDIA. NO HAY EVALUACIÓN SOBRE EL CONTENIDO
			2	SE TRABAJAN SABERES PREVIOS, NO SOBRE EDUCACIÓN. SE MENCIONA EL CONCEPTO, PERO NO SE PROFUNDIZA. NO HAY JERARQUÍA. NO SE BUSCA ACLARAR EL CONCEPTO. NO HAY PRÁCTICAS INTERMEDIAS. NO SE EVALÚA
			3	IDEM A LA CLASE ANTERIOR. SE TRABAJA EL PATRÓN NORMAL. HAY CIERRES PARCIALES, PERO NO SOBRE EDUCACIÓN
			4	IDEM A LA CLASE ANTERIOR. SE MENCIONA EL CONCEPTO DE EDUCACIÓN, PERO NO SE PROFUNDIZA. HAY PRÁCTICA DE LA TOMA DE PULSO COMO EVALUACIÓN DE LA TÉCNICA
			5	HAY PRESENTACIÓN DE TEMAS DE PARTE DE LOS ALUMNOS. EL DOCENTE TRABAJA LOS SABERES PREVIOS QUE TIENEN LOS ALUMNOS SOBRE EL TEMA. NO HAY PROFUNDIDAD

Este cuadro N° 12 nos muestra que los docentes tienen el mismo criterio de dar las clases. Comienzan abordando los saberes previos de los alumnos, pero siempre con el tema a dar, en ningún momento lo relacionaron con necesidades de educación del sujeto de la atención, sólo en la clase 3 sobre el tema Circulación se hace relación a este concepto para relacionarlo con la prevención y en la clase 4, de Signos vitales, se menciona al concepto de educación para relacionarlo con el pulso como patrón normal.

No se observaron clases prácticas, ni etapas de evaluación sobre los contenidos dados. Sólo en la clase 4 de signos vitales se realizó una práctica de cómo se toma el pulso.

La clase 5, dada por otro docente (B), tuvo la característica de un taller sobre artículos que los alumnos habían preparado. El docente comenzó a hacer una introducción del procedimiento y cada grupo expuso sus artículos, con el aporte del docente, cuando este consideraba necesario.

El concepto de educación para la salud se mencionó varias veces, pero no como parte del cuidado, no observándose evaluación sobre el tema educación para la salud y/o educación para el autocuidado.

Por otra parte, la observación de las actividades en el aula de la materia Enfermería en la atención en el adulto y el anciano, se realizó en las siguientes clases:

Clase 1: Fisiología de las afecciones renales (Docente A).

Clase 2: Cuidado de los pacientes renales (Docente A).

Clase 3: Pacientes con afecciones respiratorias (Docente B).

Clase 4: Cuidado de los pacientes con afecciones respiratorias (Docente B).

Clase 5: Medio interno (Docente A).

Cuadro N° 13
Observación de las actividades en el aula de la materia Enfermería en la atención del adulto y el anciano de la escuela en estudio. Rosario, año 2000

MATERIA	AÑO	DOCENTE	CLASE	CONCEPTOS CLAVE DE LO OBSERVADO SOBRE EL CONCEPTO DE EDUCACIÓN PARA LA SALUD Y/O AUTOCUIDADO
ENFERMERÍA EN LA ATENCIÓN EN EL ADULTO Y EL ANCIANO	2°	A	1	SE UBICA AL ALUMNO SOBRE EL TEMA. SE LO RELACIONA CON OTRA PATOLOGÍA Y SE INTEGRA EL CONCEPTO DE EDUCACIÓN EN LA PRÁCTICA. EL TEMA NO DA PARA HABLAR SOBRE EDUCACIÓN PARA LA SALUD
		A	2	EL TEMA SE PLANTEA UBICANDO A LOS ALUMNOS SOBRE LA CLASE ANTERIOR. SE PLANTEA EL P.A.E., LO PLANTEA EL ALUMNO PERO DENTRO DEL CUIDADO. EL DOCENTE LO INDUCE PERO NO SE PROFUNDIZA COMO ACTIVIDAD IMPORTANTE EN EL ROL DE ENFERMERÍA
		B	3	NO SE PROFUNDIZA EL CONCEPTO DE EDUCACIÓN, LA CLASE ESTÁ ORIENTADA A LA PATOLOGÍA. NO HAY EVALUACIÓN DEL TEMA Y TRABAJO DE PRÁCTICA
		B	4	EN ESTA CLASE SE RETOMA EL TEMA DE LA CLASE ANTERIOR Y SE HABLA SOBRE LA PREVENCIÓN, PROMOCIÓN Y REHABILITACIÓN DE LOS PACIENTES RESPIRATORIOS
		A	5	EL TEMA DE CLASE SE ABORDA DESDE LO BIOLÓGICO Y LA PATOLOGÍA

Las observaciones expuestas en el cuadro N° 13 nos muestran que el diseño de la clase está orientado a la exploración de los saberes previos de los alumnos sobre el tema a dar. En esta materia se abordan las patologías y su cuidado de enfermería pero sólo en la clase N° 2 y en la N° 4 se aborda el contenido sobre la necesidad de educación para la salud. Si bien cuando se trata el tema desde lo biologista, se podría articular el contenido de educación, no se observó ni hubo actividades intermedias que integraran la acción de educar.

Conclusiones parciales de la segunda etapa

En base a las entrevistas a los docentes y la observación de los momentos de actividades en el aula Desde lo curricular, articulando lo planteado por los docentes de las tres materias troncales de enfermería, podemos decir que todos coinciden en que el curriculum oficial es caduco y que tiene muchos contenidos biologistas. No obstante, se observaron programas con gran parte de estos contenidos. Según lo manifestado por los docentes, dichos programas han sido elaborados por ellos mismos, deduciéndose que hay una incoherencia en el discurso y lo observado en los programas. Según lo manifestado por los docentes, dichos programas han sido elaborados por ellos mismos, deduciéndose que hay una incoherencia entre el discurso y lo observado en los programas.

Las actividades de enseñanza, manifestadas por los docentes en las entrevistas, no coinciden con las desarrolladas durante los momentos de actividades en el aula. Todos los docentes explicitaron que el contenido de educación es importante, inclusive aluden al espacio perdido por enfermería. Pero no se lo observó como un concepto trabajado y destacado en las actividades en el aula.

El concepto de educación explicitado en la materia Enfermería en la atención de la mujer, el niño y el adolescente tiene relación a lo verbalizado por el docente que dijo que "la mujer y el niño lo necesitan".

En las otras materias, en las actividades en el aula, no se observó jerarquía sobre el concepto de educación por parte del alumno ni del docente; esto tiene relación con la gran cantidad de contenidos biológicos que abordan los programas; es decir, sobre los contenidos que tienen relación acerca de los conceptos netamente biologistas y sus principios conceptuales, son muy generales, alejándose del conocimiento de las necesidades básicas y la educación para la salud. Estos datos se evidencian en las entrevistas realizadas a los docentes de las materias Historia de la enfermería y Enfermería en la atención del adulto y el anciano y en las de actividades en el aula.

Según los datos observados, planteamos que, al ser mayor la cantidad de los contenidos biologistas y al estar abordados con actividades de enseñanza orientadas a la Escuela Nueva (por ejemplo, la problematización de hechos reales) los docentes aún no han logrado apropiarse del cambio para orientarlos hacia el sujeto de la atención. Esto lo relacionamos con el hecho de que enfermería tiene una resistencia al cambio muy arraigada. Es además palpable que muchos docentes de la escuela fueron formados en los currícula tradicionales. Agregamos a esta reflexión que las estructuras de los sistemas de prestación son una réplica de este modelo y el sistema educativo en enfermería aún no ha podido generar el cambio en su ejecución, desde la estructura. Dicho de otra manera, los intentos de cambios en las escuelas de enfermería comenzaron en las dos últimas décadas, los docentes han sido formados a través de la estructura de la escuela tradicional y la presión del modelo médico. Esta formación es transmitida en los momentos de aula y aunque no sea expresada por ellos queda expuesta claramente en la práctica.

Por lo tanto concluimos que en esta segunda parte de la información recogida hay factores que obturan la apropiación del rol educador, determinando lo siguiente:

- No se observó coherencia entre el discurso del docente respecto a la importancia de la educación para la salud y/o autocuidado y el observado en los programas;

- no se ha observado la jerarquización del concepto de educación para la salud y/o autocuidado en el alumno y en el docente durante lo observado en las actividades de aula.

Tercera etapa

La tercera etapa del trabajo se concentró en:

- Entrevista a los alumnos en los momentos de la práctica clínica.
- Observación de las prácticas clínicas (alumnos de tercer año).
- Cuestionario aplicado en los alumnos de tercer año.
- Resultado de las observaciones de las prácticas clínicas.

Cuadro N° 14
Observaciones de las prácticas clínicas de alumnos de tercer año de la escuela en estudio.
Rosario, año 2000

HOSPITAL	CONTEXTO	EVALUACIÓN DOCENTE	APROPIACIÓN DEL ROL EDUCADOR (ALUMNOS)
PROVINCIAL	DESORDENADO. POCO PERSONAL. AUSENCIA DE LA ENFERMERA JEFE POR LA DEMANDA. SUPER POBLACIÓN DE PACIENTES	OBJETIVA. BIOLOGISTA. SIN OBJETIVOS SOBRE EDUCACIÓN PARA LA SALUD	NO ESTÁ CLARO. ORIENTADO COMO TAREA INDEPENDIENTE AL CUIDADO SOLO CUANDO ES INDUCIDA. NO SE DETECTA LA NECESIDAD DE APRENDIZAJE EN EL SUJETO DE ATENCIÓN
CENTENARIO	MÁS ORGANIZADO. REGISTRO DE TAREAS INDEPENDIENTE (EDUC.). MENOS CARENCIA DE PERSONAL. MÁS ORGANIZADA LA DEMANDA DE PACIENTES	IDEM	ALGUNOS ALUMNOS CAPTAN LA NECESIDAD DE EDUCACIÓN, PERO TIENEN FUSTRACIÓN. REGISTRO DE LA ACTIVIDAD. RESPUESTAS MÁS ESPONTÁNEAS ANTE LA SITUACIÓN DE EDUCACIÓN

Para ser mejor comprendida esta etapa que se expone en el cuadro N° 14 sigue un enfoque narrativo de las prácticas clínicas de los alumnos (anexo N° X) y se orienta hacia el último analizador o palabra clave: apropiación del rol educador.

En esta última instancia la herramienta utilizada fue la observación participante de la práctica clínica de los alumnos, con más casos en el Hospital Provincial que en el Hospital Centenario, pero la profundidad del análisis se hizo en ambos por igual. Los ejes giraron sobre si existía identificación de las necesidades de aprendizaje del sujeto de atención y si esa actividad fue resuelta por el alumno en forma aislada o como parte del cuidado.

Las situaciones observadas destacan lo siguiente: al comienzo de la práctica clínica, en servicios como Unidad de Terapia Intensiva (U.T.I.) del Hospital Provincial, los alumnos entrevistados, ante la pregunta sobre educación para la salud plantearon: *"no hemos podido hacer educación..."*. En ese momento estaba presente la docente quien pregunta: *"¿pero se puede hacer educación incidental?"* Alumno: *"Sí, yo educo al paciente, por ejemplo, le enseño los ejercicios respiratorios, le hago utilizar el globo"*. Docente: *"Bueno, eso hay que registrarlo"*.

Al finalizar la práctica clínica la investigadora le hizo la misma pregunta a los alumnos y estos verbalizaron: *"sí, hemos educado e informado a los pacientes..."*.

Esta acción no fue corroborada por la investigadora porque en ningún momento se observó a los alumnos realizando una planificación del cuidado donde se detectaba la necesidad de aprendizaje del sujeto de atención, o se lo observara educando sobre su patología o actividad a realizar.

Generalmente lo observado siguió siempre el mismo procedimiento, por ejemplo, en la sala de terapia intensiva del Hospital Provincial se observó la colocación de una sonda nasogástrica (S.N.G.) a un adulto internado; el alumno junto al enfermero fueron a colocar la sonda.

La técnica la realizó el alumno, pero en ningún momento se lo escuchó explicarle el procedimiento y el porqué de la colocación al sujeto internado.

La característica de este servicio es que los alumnos tenían posibilidad ante la demanda de realizar técnicas, ya que esta oferta de actividad era la que predominaba, incluso la enfermera jefe fomentaba lo procedimental desplazando la tarea de educar. Cabe destacar que a pesar de ser un servicio de área crítica, había pacientes con posibilidad de enseñarle el autocuidado.

Otro elemento que se destaca es el siguiente: cuando el docente realizaba el recorrido de supervisión y quería profundizar en el conocimiento del alumno, prevalecía el contenido biologista (patología, estudios, medicación y seguimiento médico), por ejemplo, se expresa más abajo un pase de sala con la docente en la unidad de cuidados intermedios:

Docente: *Vengo a ver el pase de sala, comenzamos.*

Alumno: *El paciente de la cama 1, tiene un I.A.M., está con "calmador", tiene "medocor".*

D.: *¿Qué droga es el calmante?, efectos farmacológicos.*

A.: *El calmador es un calmante.*

D.: *¿Un calmante de qué?*

A.: *No sé.*

D.: *Bueno, tenés que hacer ficha de la medicación y para el lunes me la traés. Tenés tres días para prepararlo. Quiero vía, efectos deseados, medio interno. Ahora seguimos.*

A.: *Bueno, tiene hidratación parentenal, sonda de vesical.*

D.: *¿Por qué sonda vesical? No entiendo la relación.*

A.: *Por disuria.*

D.: *¿Qué es la disuria?*

A.: *Ardor al orinar, el laboratorio no estaba.*

D.: *Averiguame por qué tiene sonda vesical, hidratación parentenal, el motivo, si no cualquiera hace enfermería. Yo más o menos me lo imagino, pero no todos tienen sonda vesical. Bueno, continuamos con otro paciente.*

Esta forma de abordar el tema con el alumno se repitió durante toda la experiencia clínica. En realidad todos los docentes trabajaban la experiencia clínica de esta manera, solo al final se observó cambios en el abordaje. Incluso se detectó que lo pedido para rever (en este caso, la ficha de los medicamentos) no fue reclamado en el próximo encuentro y, por lo tanto, no evaluado.

Los docentes, como se dijo anteriormente, cuando profundizaban los conocimientos del alumno lo hacía desde lo biologista (patología, fisiopatología, tratamiento médico). Sólo al final de la experiencia clínica se comenzó a inducir al alumno para detectar la necesidad de educación, pero no lo hacía con la jerarquía necesaria para que el alumno se apropie del concepto como parte inherente al cuidado, como lo hace desde lo procedimental o lo biologista que comprende la patología y tratamiento médico.

Otra observación fue que cuando el docente le exigía al alumno que revea algún tema siempre estaba relacionado con lo biologista (pedía mayor precisión sobre fisiopatología, farmacología, etc.); no se observó ni de parte del alumno, ni del docente aplicar y profundizar en el concepto de educación y/o autocuidado, ni tampoco realizar planes de educación para el alta.

En este sentido destaco lo observado en un pase de sala en el servicio de terapia intensiva (UTI) con la docente.

Alumno: *Bueno, la paciente de cama 3 está con drenaje a bolsa aspirativa.*

Docente: *¿En qué posición está?*

A.: *Semi sentada.*

D.: *¿Tiene oxígeno?*

A.: *Sí.*

D.: *¿Por qué?*

A.: *No sé, es criterio médico.*

D.: *Averígüelo, todo lo que tiene el paciente tiene que saberlo. Sigamos con el otro paciente.*

Sin embargo, en servicios como maternidad y pediatría, los alumnos tenían más incorporado el concepto de educación y la necesidad de aprendizaje del sujeto de atención como parte del cuidado. También estaba más profundizado desde lo teórico en los programas y más evaluado desde las instancias parciales escritas. Cabe destacar una entrevista con una alumna de enfermería pediátrica. Cuando la investigadora le preguntó cómo planificar la educación en el paciente pediátrico, si dentro del cuidado o fuera de éste, la alumna respondió:

"Con la mamá hacemos educación según las preguntas de ella, cómo seguir el tratamiento en la casa, con alguna patología especial, le explicamos los signos de alarma para traerla al hospital... considero la educación dentro del cuidado, es una actividad puramente de enfermería, porque la actividad de la enfermera no es hacer sólo la medicación, es importante también la actividad independiente, sobre todo la educación..."

En la práctica del Hospital Centenario se notó que el alumno abordaba al sujeto de atención de manera distinta, generalmente lo ubicaba con nombre y apellido y se notó que si bien no se profundizaba y no se observó la planificación de la misma, el concepto estaba más claro.

Aquí queremos destacar que el escenario del Hospital Centenario se notó más ordenado a nivel institucional, no se detectó falta de personal permanente en los servicios y el alumno podía dedicarse a su práctica con más tiempo.

El Hospital Provincial estaba más desordenado a nivel institucional, los alumnos absorbían mucha actividad y se mimetizaban con el servicio, notándose en muchas oportunidades la ausencia de supervisión ya sea del docente como del enfermero jefe. En el Hospital Centenario la ausencia del docente no varió, pero la enfermera jefe guiaba el actuar del alumno, incluso se notó que se registraban actividades de educación en la hoja de enfermería, mientras que el Hospital Provincial existe la norma de registro de la actividad independiente como: *"A.I. al paciente"*, al preguntar nos informaron que de esta manera queda registrada la educación para la salud.

Otra observación importante es que en una de las entrevistas realizadas a un alumno del Hospital Centenario, cuando se le preguntó la necesidad de educación de un paciente con gastroenterocolitis el alumno respondió: *"yo lo educo, pero me da bronca hacerlo, porque me plantea que no puede cuidarse porque no tiene plata, entonces, ¿para qué lo educo?*

Otra alumna que estaba escuchando planteó: *"En enfermería debemos educar, pero no siempre lo hacemos bien, generalmente es el médico quien lo hace porque tiene más espacio y el paciente lo escucha más".*

Muchas son las instancias observadas, pero las situaciones se repetían. Muy pocos fueron los alumnos que plantearon a la educación como necesidad de aprendizaje dentro del cuidado. Su mayor hincapié se evidenciaba en lo procedimental y en los contenidos biologistas.

Como última parte de la observación de la práctica se presenció la evaluación de la misma, con el enfermero jefe del servicio a cargo y la docente.

Esto se hizo en el Hospital Provincial. Se utilizó una planilla de evaluación de la actuación del alumno en la práctica (ver anexo N° XI), en el cual el ítem 6 habla sobre la participación de educación del alumno, ya sea en el sujeto de atención o a la familia; el resultado de esta instancia arrojó que en varios servicios los enfermeros jefes plantearon que "algunos alumnos" habían logrado el objetivo de este ítem. Esta conclusión que lleva nuevamente a la reflexión respecto a cuál es el objetivo de educación para la salud y/o autocuidado, no fue lograda en forma significativa por todos los alumnos.

La última instancia de la observación terminó con dos momentos presenciales de la investigadora, en los exámenes finales de los alumnos del tercer año. Aquí se observó nuevamente el mismo criterio de evaluación de los docentes: no evaluaron el concepto de educación para la salud y/o educación para el autocuidado como parte de las acciones del enfermero, sino que éste quedó mencionado en forma aislada como un concepto vacío.

Cuadro N° 15
Resultado de las preguntas relacionadas al aprendizaje y resolución de las necesidades del sujeto de atención en la escuela en estudio. Rosario, año 2000

MATERIA	N° DE PREGUNTA	OPINA QUE APRENDIÓ A DETECTAR Y A RESOLVER LAS NECESIDADES DE APRENDIZAJE EN EL SUJETO DE ATENCIÓN				TOTAL DE ALUMNOS
		SI	%	NO	%	
HISTORIA DE LA ENFERMERÍA	6	2	6.67	28	93.33	30
ENFERMERÍA EN LA ATENCIÓN EN EL ADULTO Y EL ANCIANO	8	20	66.67	10	33.33	30
ENFERMERÍA EN LA ATENCIÓN DE LA MUJER, EL NIÑO Y EL ADOLESCENTE	10	23	76.67	7	23.33	30

El cuadro N° 15 esquematiza la opinión de los alumnos sobre si estos aprendieron a detectar y resolver las necesidades de aprendizaje en el sujeto de la atención.

En la materia Historia de la Enfermería, en la pregunta N° 6 del cuestionario podemos decir que de un total de treinta alumnos el 93% respondió que no lo hizo, sólo un 7% contestó en forma afirmativa.

En la materia Enfermería en la atención del adulto y del anciano, pregunta N° 8, un 33% respondió negativamente y un 67% lo hizo afirmativamente.

En la materia Enfermería en la atención de la mujer, el niño y el adolescente, pregunta N° 10, un 77% lo hizo en forma negativa y un 23% respondió positivamente.

Cuadro N° 16
Resultado de las preguntas relacionadas a las etapas del aprendizaje de la escuela en estudio.
Rosario, año 2000

MATERIA	N° PREG.	TEÓRICA	%	ACT. INTERMEDIA	%	PRÁCTICA	%	NO CONTESTA	%	TOTAL DE ALUMNOS
HISTORIA DE LA ENFERMERÍA	7	2	6.67	-	-	-	-	28	93.33	30
ENFERMERÍA EN LA ATENCIÓN EN EL ADULTO Y EL ANCIANO	9	10	33.33	-	-	10	33.33	10	33.33	30
ENFERMERÍA EN LA ATENCIÓN DE LA MUJER, EL NIÑO Y EL ADOLESCENTE	11	18	60	-	-	5	16.7	7	23.3	30

El cuadro N° 16 esquematiza la opinión de los alumnos en la pregunta N° 7 del cuestionario indagando en qué etapa el alumno aprendió a detectar y resolver las necesidades de educación del sujeto de la atención. Podemos decir que de un total de treinta alumnos el 93% respondió que no lo hizo, solo un 7% contestó en forma afirmativa, y este 7% lo aprendió en la etapa teórica.

En la materia Enfermería en la atención del adulto y el anciano, la opinión de los alumnos que esquematiza la pregunta N° 9 marcó un 33% en la etapa teórica y en la práctica y ese mismo porcentaje no respondió, mientras que en la materia Enfermería en la atención de la mujer, el niño y el adolescente, un 60% lo aprendió en la etapa teórica, un 17% en la práctica y un 23% no respondió.

Cuadro N° 17
Resultado de la pregunta relacionada al trabajo de enfermería en la escuela en estudio. Rosario, año 2000

N° DE PREGUNTA	TRABAJA EN ENF.				TOTAL ALUM.
	SI	%	NO	%	
12					30
	4	13.33	26	86.67	

El análisis del cuadro N° 17 aborda si el alumno trabaja en enfermería. El resultado no fue demasiado significativo, debido a que solo cuatro alumnos trabajaron en instituciones de salud como enfermeros, dando como resultado un 13% afirmativo.

Cuadro N° 18
Resultado de la pregunta relacionada a la aplicación de lo aprendido en la escuela en estudio. Rosario, año 2000

N° DE PREGUNTA	APLICA LO APRENDIDO				TOTAL
	SI	%	NO	%	
13	2	50	2	50	4

El cuadro N° 18 refleja que de los cuatro alumnos mencionados anteriormente el 50% aplica lo aprendido en la escuela de enfermería en su lugar de trabajo y el 50% no lo aplica.

Cuadro N° 19
Resultado de la pregunta de cómo realiza la educación de la escuela en estudio. Rosario, año 2000

N° DE PREGUNTA	DE QUÉ FORMA LO HACE				TOTAL
	PROGRAMADO	%	INCIDENTAL	%	
14	2	50	2	50	4

En el cuadro N° 19 se puede observar que el 50% de los alumnos que trabajan en una institución aplica lo aprendido en la escuela de enfermería de forma incidental y el 50% aplica lo aprendido en forma programada.

Cuadro N° 20
Resultado de la pregunta si la institución considera a la educación como cuidado en la escuela en estudio. Rosario, año 2000

N° DE PREGUNTA	LA INSTITUC. CONS. LA EDUC. COMO CUIDADO				TOTAL
	SI	%	NO	%	
16					4
	-	-	4	100	

En este cuadro N° 20, el 100% de estos cuatro alumnos que trabajan en enfermería respondió que la institución asistencial no considera la educación para la salud como parte del cuidado de enfermería.

Cuadro N° 21
Resultado de las preguntas del cuestionario orientadas al analizador y apropiación del rol educador de la escuela en estudio. Rosario, año 2000

PREGUNTA	N°	N° DE ALUMNOS	%	TOTAL
¿QUÉ ENTIENDE POR EDUCAR?	1	15	50%	
¿CONSIDERA A LA EDUCACIÓN COMO PARTE DEL CUIDADO? ¿POR QUÉ?	2	6	20%	
ASPECTOS PARA TENER EN CUENTA PARA PLANEAR EL CUIDADO DE ENFERMERÍA	4	0	100%	30
¿QUÉ ENTIENDE POR EDUCAR E INFORMAR?	5	9	30%	

Las otras preguntas del cuestionario del cuadro N° 12 están orientadas al último analizador (apropiación del rol educador). De los treinta alumnos solo el 50% respondió que educar al paciente es detectar las necesidades de aprendizaje, un 20% consideró la educación como parte del cuidado y un 30% supo diferenciar el concepto de educación del de información y ninguno contestó los aspectos a tener en cuenta para planear el cuidado de enfermería.

Conclusiones parciales de la tercera etapa

El último analizador planteado en esta investigación (apropiación del rol educador), luego del análisis de lo observado en las prácticas clínicas y lo manifestado en los cuadros N° 15 y N° 16 que reflejan los resultados del cuestionario aplicado a los alumnos del último año de la carrera de enfermería, permite concluir que:

- No todos los alumnos se han apropiado del rol educador como una actividad inherente a la enfermería; excepto un 20% que la considera como parte del cuidado.
- No todos detectan la necesidad de aprendizaje del sujeto de la atención.
- En muy pocas oportunidades se observó al alumno educando al sujeto de la atención e incluyendo esta actividad dentro del cuidado.
- Predomina la acción basada en la actividad procedimental y en los contenidos biologistas.
- No se observó registrar la acción de educación como una actividad independiente de enfermería.
- El contexto influye en el accionar del alumno: en el Hospital Centenario, en el que el personal acostumbra a registrar la educación como actividad independiente, el alumno imitaba la conducta.

- La evaluación del docente está abocada a contenidos biologistas y a la actividad procedimental.
- Los alumnos aprendieron a detectar y resolver las necesidades de aprendizaje de los sujetos de la atención en segundo año y lo profundizaron en tercero, evidenciándolo más en la etapa teórica que en la práctica. Por lo tanto, no se observa secuencia, continuidad y profundidad durante el desarrollo de las materias troncales sobre este concepto.

Por lo tanto concluimos que no hay secuencia ni continuidad ni profundización en el concepto de educación y/o educación para el autocuidado durante la práctica clínica.

Conclusiones

Nuestro objetivo principal en este trabajo ha sido identificar la existencia de factores que obstaculizan o favorecen la apropiación de los aspectos vinculados a la educación para la salud, como parte de la práctica inherente a su profesión.

Para esto se identificaron cuatro analizadores o palabras claves:

- Curricular, donde se observó si en el marco conceptual del plan de estudios existe la definición de enfermería y si en ésta se incluyen la educación para la salud y/o concepto de autocuidado.
- Programa o proyecto de cátedra, donde se observaron los objetivos y contenidos sobre educación para la salud y/o educación para el autocuidado.
- Enseñanza, a través de la cual se observó si favoreció la apropiación del concepto de educación para la salud y/o educación para el autocuidado.
- Apropiación del rol educador, donde se observó si el alumno "apropió" el concepto de educación para la salud y/o educación para el autocuidado, detectando y resolviendo las necesidades de aprendizaje en el sujeto de la atención.

Aquí nos proponemos reunir, a manera de resumen, la vastísima información que fuimos acumulando y destacando los problemas que a nuestro juicio obstaculizan o favorecen la apropiación de las necesidades de educación como parte del cuidado. Identificar los problemas conduciría a formular algunos criterios para el diseño de estrategias que contribuyan a desarrollar el integrado del perfil educador en el enfermero.

Para ubicarnos comenzamos con el analizador curricular, cuyo objetivo fue observar si en su marco conceptual existe la definición de enfermería y si ésta incluye la educación para la salud y/o educación para el autocuidado.

Partiendo desde este analizador, el problema que encontramos es que el currículum oficial de la escuela en estudio es caduco, su marco conceptual define a la enfermería desde una concepción espiritualista, que no coincide con la visión actual del paradigma de enfermería, que a pesar de que aún no está consolidado, aborda cuatro conceptos claves: hombre, contexto, salud y cuidado de enfermería.

Ante esto, la escuela en estudio creó su marco conceptual basado en estas premisas, siendo éste trabajado con los alumnos de primer año solo en actividades para la información.

Otro de los problemas detectados del currículum oficial es que éste está orientado hacia el reduccionismo del modelo médico biologista y la escuela tradicional. Para modificar esta situación, en la escuela se crearon materias troncales y anuales de enfermería, que son las que fueron estudiadas en esta investigación.

Al ser un curriculum caduco, guiado por un interés biologista y técnico el contenido queda determinado por quien construye el diseño, apareciendo una separación entre el docente y este. En la escuela en estudio los docentes tratan de modificar los contenidos para adaptarlos a un nuevo marco conceptual pero no se logra, porque el cambio curricular se encuentra solo en el proyecto y la enseñanza se presenta como un conjunto de destrezas parciales que el docente debe llevar a cabo en los momentos de actividades en el aula y aún no existe convergencia en la apropiación de la educación para la salud como parte del rol a construir.

Otro de nuestros objetivos fue observar en los programas de las materias troncales de enfermería, el tiempo y el espacio dedicado a la educación para la salud y/o el concepto de educación para el autocuidado.

A este objetivo se lo identificó con el analizador programas, donde nos propusimos analizar las tres materias troncales de enfermería y señalar si en su planificación hay objetivos y contenidos sobre educación para la salud y/o educación para el autocuidado.

El problema aquí detectado es que los programas tienen muchos contenidos biologistas y que en primer año el concepto de educación para la salud no está bien explicitado; recién se comienza a presentar el concepto en el segundo año, para trabajarlo con la mujer, el niño y el adolescente, donde la demanda de educación está más incorporada, como demanda espontánea del sujeto de la atención.

Ante esto el alumno realiza la educación en este grupo etario, pero en el adulto y en el anciano no lo capta como parte del cuidado de enfermería. Se pudo observar que en la materia Historia de la Enfermería sólo un 7% de los alumnos opinaron que aprendieron a detectar y a resolver las necesidades de aprendizaje en el sujeto de atención, aumentando en el segundo año a un 67% y un 77% en el último año. El 60% de estos alumnos lo adquirió en la etapa teórica y sólo un 17% en la práctica. Estos porcentajes demuestran que el concepto de educación para la salud fue trabajado en secuencia y continuidad a través de los años, pero no con la profundidad necesaria como para favorecer la apropiación del rol educador.

Otro de los problemas observados es que el contenido de educación para la salud está mencionado, pero su observación es escasa de actividades que favorezcan su transferencia, no lográndose así la aplicación y continuidad necesaria para que el alumno valore y se apropie de la importancia del rol educador.

Como surge de los datos recopilados, el alumno, durante su formación en el pre-grado, tiene una orientación hacia el modelo biologista, dirigido por un currículum con pocos contenidos y actividades de apropiación en ciencias sociales, que es caduco para la actualidad. La escuela de enfermería en estudio ha intentado, a través de talleres, trabajar con los docentes para lograr cambios internos en la misma, pero no ha logrado unificar el criterio entre los docentes, existiendo distintas modalidades de elaborar los programas y de transferir gradualmente los contenidos en los momentos de actividades en el aula y en las experiencias de aprendizaje.

Continuando con el análisis de objetivos y contenidos sobre educación para la salud y/o educación para el autocuidado concluimos diciendo que en la materia Historia de la Enfermería no existen objetivos ni contenidos específicos.

En segundo año se detectó un objetivo general de educación para la salud sin contenido que lo avale; en la unidad I sólo la mención del concepto de autocuidado; en cambio, en la materia de tercer año se profundiza el concepto de educación para la salud, no siendo explicitado el de autocuidado con objetivos específicos. Planteamos que existe secuencia y continuidad del concepto en estudio pero no profundidad a través de los años.

No se programan actividades intermedias para que el alumno identifique el concepto investigado dentro del cuidado, a pesar de que están planificadas como parte de las actividades en el aula.

Se detectó que la enseñanza para el autocuidado no se profundiza, siendo que ésta es uno de los obstáculos más importantes para la ampliación del rol del enfermero.

Por lo tanto concluimos diciendo que uno de los factores que obstaculizan la apropiación del rol educador es el poco tiempo y espacio y la falta de secuencia, continuidad y profundización en las actividades de aprendizaje que se le dedica a este concepto durante la carrera.

En las actividades de enseñanza el problema que detectamos es que los métodos que se utilizan son acordes a los sugeridos en el marco teórico por la Escuela Nueva, pero los docentes utilizan técnicas de la escuela tradicional en los momentos de actividades en el aula, partiendo de clases expositivas con poca participación del alumno. No se observa jerarquía sobre el concepto de educación para la salud y/o educación para el autocuidado de parte del docente. Si reflexionamos sobre el proceso de enseñanza como un método que facilita la transformación permanente de pensamientos, actitudes y comportamientos en la que se puede advertir que la preocupación docente sobre la misma es el aprendizaje, cuando éste fracasa y el alumno no logra el objetivo propuesto cabe la responsabilidad docente de la autorreflexión, basándose en el principio de que si no se sabe, en qué consiste el aprendizaje y cómo lograrlo, ya que se tienen las mismas posibilidades de favorecerlo, como de obstaculizarlo.

Los docentes de enfermería fueron formados por una currícula con enfoque de modelo biologista, y con una tradición de la enseñanza donde no existían estructuras para la inclusión del rol educador, por lo cual es contenido que se transmite teóricamente sin muchas actividades para aplicarlo, profundizarlo y evaluarlo, constituyéndose en forma indirecta en un ritual de enseñanza que se naturaliza a través de los años y termina integrándose al mundo ocupacional como una actividad alternativa.

Generalmente, enseñar a pensar, a ejercer la reflexión crítica sobre aspectos relevantes de la formación profesional de enfermería es una meta que frecuentemente mencionamos como inherente a la función docente. Sin embargo, no siempre puede extraerse a través del análisis de las entrevistas de los docentes y la observación de las actividades en el aula y en la práctica clínica; analizar estos aspectos guió la evaluación de la apropiación del rol educador.

Los datos recolectados en relación a este último objetivo nos permitieron determinar que la fractura está en esta etapa, más allá del tiempo y del espacio que se le dedica al concepto a lo largo de la carrera y los métodos de enseñanzas utilizados. El problema más grave es que este concepto no se ejercita, profundiza ni evalúa con la profundidad necesaria durante el desarrollo de la carrera; no se orienta al alumno a planificar el cuidado en la práctica clínica para que se detecten las necesidades de aprendizaje del sujeto de la atención ni se realice un plan de educación para el alta o para su autocuidado.

El análisis de los cuestionarios nos mostró a un estudiante que poco tiempo antes de recibirse no tiene claridad sobre la diferencia que hay entre educar e informar, no reconoce la educación para la salud como parte del cuidado de enfermería sino que la realiza en forma incidental e incluso, en determinado momento, le molesta que el sujeto de atención no cumpla sus indicaciones porque no puede. Esta frustración manifestada abiertamente no es revertida hacia la búsqueda de soluciones sino hacia claudicar en el intento.

Algunos de los factores externos son: la estructura de las instituciones asistenciales y las características del servicio influyen en el desarrollo de esta acción. Aquí nos vamos a detener un poco en la historia de la enfermería que se ha centrado en el modelo médico, que se interesa por ideas de signos, patologías y medicamentos. El alumno observado generalmente "maneja y le gusta" hablar de la patología y la medicación, pero la sensación captada fue que usar la terminología médica sustenta al rol de enfermería.

Por otra parte, evaluaba y hacía hincapié sobre esta fracción del cuidado, que no es precisamente el cuidado de enfermería que aborda el marco conceptual de la escuela de enfermería en estudio, cuya base se apoya en la interacción personal de enfermería con el sujeto de atención.

La ponencia presentada por la Lic. Irene Adue en Quito, Ecuador, plantea problemas de la educación de enfermería que aún no se han podido transformar. Uno de ellos es el deterioro de la atención de la enfermería en el nivel secundario, o sea, en la internación. Lo que evidencia una falta de articulación entre el conocimiento adquirido por el profesional durante su formación y los requeridos por los servicios asistenciales.

Ante lo expuesto concluimos que los factores obstaculizantes en esta escuela de enfermería son:

1. Que no se ha logrado una modificación real en el desarrollo de las materias troncales orientada hacia el concepto de enfermería, adaptado y expresado en el marco conceptual creado por los docentes y basado en los conceptos que apoya el paradigma de enfermería.

2. Se menciona en forma general el concepto de educación para la salud del sujeto de atención en los programas de las materias troncales. No se especifican

las estrategias para detectar y resolver su necesidad de educar al sujeto de la atención o cómo enseñar a autocuidarse.

3. No se menciona en los objetivos de los programas la necesidad de detectar y resolver la necesidad de educación o autocuidado.

4. En las materias troncales estudiadas el concepto de educación para la salud se trabaja sin continuidad ni profundización y con escasas actividades de aplicación al sujeto de la atención.

5. El docente no planea en las actividades prácticas el contenido de educación para la salud como una acción inherente al cuidado sino como un concepto aislado y con escasas actividades de aplicación.

6. No se evalúa a través de actividades prácticas ni intermedias la aplicación del concepto de educación para la salud y/o educación para el autocuidado, en la práctica clínica ni en las actividades de aula.

7. Hay discontinuidad entre los equipos docentes de las materias troncales con respecto al concepto de educación para la salud y/o autocuidado, sin que se observe su jerarquización en las actividades de aula.

8. No se observó apropiación del rol educador en el alumno como una actividad inherente al cuidado de enfermería.

9. Predomina la acción basada en la actividad procedimental y en los contenidos biologistas.

10. Al no estar apropiado el concepto de educación para la salud, el contexto influye en el accionar del alumno.

11. Es poco el tiempo y el espacio destinado para lograr en el estudiante las habilidades sobre educación para la salud durante el desarrollo de las materias troncales en la carrera.

12. No se observó la secuencia, continuidad y profundización necesaria para lograr la apropiación del rol educador de las materias troncales de enfermería durante la carrera de la escuela estudiada.

Para finalizar consideramos que el concepto de educación para la salud es un elemento incluido en el rol de enfermería, que permitiría asumir el rol educador como una práctica inherente a su profesión y favorecería, en consecuencia, incorporar la ampliación de su rol ante sí mismo y ante la comunidad.

En la actualidad hay instituciones asistenciales que valoran la educación continua para retornar y profundizar el cuidado del sujeto de la atención porque las nuevas políticas apuntan a disminuir los días de internación por razones económicas. Si continuamos formando alumnos orientados por el modelo biologista, curativo y dependiente y con métodos de aprendizaje solo de la escuela tradicional continuamos generando un egresado preparado para el hacer técnico que no puede participar en el cambio, porque no tiene su identidad profesional clara ni las estrategias para lograrlo.

Luchar como institución formadora para actualizar los currícula de enfermería y adoptar la propuesta pedagógica de la Escuela Nueva favorecía formar un egresado activo, orientado hacia el derecho de las personas a recibir la educación para mantener y recuperar la salud. Conceptos como educación para la salud serán apropiados por el alumno como parte de su rol profesional, como están determinados hoy por los contenidos procedimentales o biologistas.

El resultado que esta vastísima información del desarrollo del plan de estudio de la escuela estudiada permitió observar es que existen más factores que no favorecen la apropiación del rol educador en el cuidado del sujeto de la atención que aquellos que favorecieran su apropiación.

En la escuela en estudio se observó la fractura en el aprendizaje del concepto de educación para la salud como parte del rol en distintas etapas: las actividades de enseñanza orientadas a la Escuela Nueva y en la etapa de la evaluación, detectándose la orientación curricular de la misma, en la propuesta de la escuela tradicional. Al no lograr secuencia, continuidad y profundización del concepto de educación para la salud ni tampoco el concepto de autocuidado, el alumno no se apropia de la importancia de considerar las necesidades de aprendizaje del sujeto de su atención como parte de su rol profesional.

Dejamos como sugerencia la necesidad de trabajar con los docentes (solicitada por éstos) de la escuela en estudio, los resultados de esta investigación y su publicación para favorecer estrategias que contribuyan a la apropiación de las necesidades como parte del cuidado y la transformación del perfil del egresado.

En esta investigación nos hicimos preguntas que podrían ser abordadas en otros estudios para favorecer estrategias que permitan privilegiar las incumbencias profesionales. Entre otras: ¿Cuáles son las funciones del docente dentro de las actividades en el aula para que el alumno se apropie del rol educador? ¿Cómo es la comunicación del docente para lograr esa apropiación? ¿Qué destrezas debe adquirir el docente y cómo incide el curriculum y su diseño en este accionar? ¿Qué aspectos debe regular la escuela para lograr la convergencia necesaria entre lo explícito y la aparente falta de consenso entre los docentes sobre el concepto de educación para la salud y/

o autocuidado? ¿Cómo las instituciones asistenciales valoran el concepto de educación para la salud y cómo lo abordan para que enfermería lo realice como una actividad inherente a su profesión?

Bibliografía

- Adue, Irene. "Universidad y educación de enfermería en América Latina: situación actual, prospectivas y estrategias para su desarrollo para el siglo XXI". Revista de Enfermería Argentina (19-24). Buenos Aires, Argentina. 1991.
- Álvarez, C.; Lomagno, C. *Modelo didáctico.* Serie Formación Docente en Salud. Ministerio de Salud. Buenos Aires. 1999.
- Boemer, M. R.; Sampaio, M. A. O. "Exercicio a Enfermagen en sua Dimensao Bioética". Rev. Latino. Am. Enfermagen, Ribeirao Preto, n 2, 33-38. Abril 1997.
- Bruner, L; Suddart. *Enfermería médico quirúrgica.* Editorial Interamericana. México 1989.
- Castro, R. *Para comprender la subjetividad. Investigación cualitativa en Salud reproductiva y Sexualidad.* México. 1996.
- Ciriani, L.; Lomagno, C. *Fundamentos de los Procesos de Atención de la Salud.* Módulo 2. Serie Formación Docente en Salud. Ministerio de Salud. Buenos Aires. 1999.
- Cirigliano, G.; Villaverde, A. *Dinámica de grupos y educación. Fundamentos y técnicas.* 19º edición. Editorial Humanista. Buenos Aires, Argentina. 1990.
- Colombo, Sandra. "La enfermería en la educación sanitaria, investigación". Revista de Enfermería Argentina (20-23). Buenos Aires, Argentina. 1999.
- Coll, César; Pozo, Juan Ignacio y otros. *Los contenidos de la Reforma.* Editorial Santillana. Buenos Aires, Argentina. 1990.

- Contreras, José Domingo. *La autonomía del profesorado.* Edición Morata. Madrid. 1997.
- Cheesman, G.; Selekman, J. *Manual de Educación Sanitaria del paciente.* Editorial Doyma. México. 1989.
- Davini, C. *Modelo Teóricos sobre formación de docentes en el contexto Latinoamericano.* Editorial Morata. Madrid. 1989.
- Díaz, Esther (editora). *La ciencia y el imaginario social.* Editorial Biblos. Buenos Aires, Argentina. 1998.
- Díaz, Esther (editora). *La Metodología de las Ciencias Sociales.* Editorial Biblos. Buenos Aires, Argentina. 1998.
- Dibárbora, E.; Rossi, C. "La construcción de la identidad profesional en el sistema educativo y el sistema prestador de la atención de salud". Revista de Enfermería Argentina (9-15). Buenos Aires, Argentina. 1992.
- Donahue, P. *Historia de la Enfermería.* Harcourt. Mosby. España. 1996.
- Du Gas, B. W. *Tratado de enfermería práctica.* Editorial Interamericana. México. 1979.
- Durán de Villalobos, María Mercedes. *Enfermería. Desarrollo teórico e investigativo.* Proyecto Innovar. Bogotá. 1998.
- Ferrara, A; Billie Boggs, R. *Educación Sanitaria. Curso de nivelación de ATS.* Editorial Gregol. Madrid. 1983.
- Freidson, Eliot. *La profesión médica.* Edición Península. Provenza, Barcelona. 1978.
- Freire, P. *La educación como práctica de la libertad.* Tierra Nueva. Montevideo. 1969.
- Grundy, S. *Producto o praxis del curriculum.* Morata. Madrid. 1991.
- Guber, R. *El salvaje metropolitano.* Editorial Segasa. Buenos Aires, Argentina. 1991.

- Hans, A.; Colussi, G. y otros. *Fundamentos Psicológicos de una didáctica operativa*. Serie Educativa, Homo Sapiens. Argentina. 1995.
- Huergo, J.; Abate, S. *Fundamentos de los procesos educativos*. Modelo I. Serie Formación Docente en Salud. Ministerio de Salud. Buenos Aires. 1999.
- Ignatavicius, D.; Boybe. M. *Capítulo 2. La enfermería y el papel de la enfermera. Enfermería médico quirúrgica – planeamiento para mejorar el proceso en enfermería*. Editorial Interamericana. Mc Graw. México. 1995.
- Jackson, P. *La vida en las aulas*. Editorial Morata. Paideia. Madrid. 1975.
- Lomagno, Claudia. *Los contenidos del área de Salud*. Módulo VI. Serie Formación Docentes en Salud, Ministerio de Salud, Buenos Aires, Argentina. 1999.
- Marriner, Tomey. *Modelos y Teorías en Enfermería*. Tercera edición. Editorial Mosby / Doyma. México. 1994.
- Migles, Ignacio. "Investigación Ética Médica. Ser paciente." Revista médica. Argentina. 1999.
- Ministerio de Educación de la Provincia de Santa Fe. *El proyecto curricular institucional*. Serie Tebee. Mayo 1999.
- Motrel, E.; Logmano, C. *Problemática del sujeto que educa en el área de la salud*. Módulo 3. Serie formación docente en salud. Ministerio de Salud. Buenos Aires. 1999.
- Orem, Dorothea. *Modelos y Teorías en Enfermería*. Tercera edición. Editorial Mosby / Doyma. México. 1994.
- Polit Hungler. *Investigación científica*. Mc Graw Hill. Interamericana 5ta. edición. México. 1997.

- Pontificia Universidad Católica de Chile. Facultad de Medicina. escuela de enfermería CEDIUC. *Cuadernillos de Educación para el autocuidado.* Fundación Kellogg. Chile. 1998.
- Pozo, Juan Ignacio. *Teorías cognitivas del aprendizaje.* Editorial Narcea. Madrid. 1993.
- Quiroga A. *Prevención, Intervención Psicológica en Salud Comunitaria.* Colección Texto y Contexto. Argentina. 1984.
- Sacristán, J.; Pérez Gómez, A. *La enseñanza, su teoría y su práctica.* AKAL / Universitaria. Madrid. 1983.
- Sacristán, Jimeno; Pérez Gómez, Ángel. *Comprender y transformar la enseñanza.* Editorial Morata. 2da edición. Madrid. 1993.
- Santesteban C., Dibarbora E. y otros. "Proceso salud enfermedad como eje integrador del curriculum de la carrera licenciatura en enfermería". Universidad Nacional de Rosario. Revista de Enfermería Argentina (29-32). Buenos Aires, Argentina. 1999.
- Santos Guerra, Miguel. *La evaluación: un proceso de diálogo, comprensión y mejora.* Ediciones Aljibe. Archidoria. Málaga. 1993.
- Santos, H.; Lomagno, C. *Problemática del Sujeto que aprende.* Módulo 4. Serie Formación Docente en Salud. Ministerio de Salud. Buenos Aires. 1999.
- Sanmamed González, Mercedes. *Aprender a enseñar. Mitos y Realidades.* Universidad da Coruña, Servicio de publicaciones. Maio 1994.
- Taylor, F. *Management Cientific.* Edit. Oikos-tau. Barcelona, España. 1969.
- Taylor, S. y Bogdam. Introducción a los métodos cualitativos de investigación. Edit. Pardos. Buenos Aires, Argentina. 1986.

- Travelbee, Yoyce. "Intervención en Enfermería Psiquiátrica. Organización Panamericana de la Salud". Cali, Colombia. 1979.
- Vasilachis de Gialdino. *Métodos Cualitativos I, los problemas teóricos, epistemológicos.* Edit. América Latina. Buenos Aires, Argentina. 1993.
- Verbejo, G. "Argentina. Situación de Salud y tendencias". OPS 46. 1998.
- Zapico Yañez, Florentina y otros. "Aprendizaje y satisfacción de enfermería en las prácticas clínicas". Hospital. Revista Enfermería Clínica (16-24). Ediciones Doyma. Barcelona, España. 1997.

Anexos

I. Instrumento: Entrevistas a docentes.
II. Instrumento: Entrevistas a alumnos.
III. Instrumento: Observación de programas.
IV. Instrumento: Observación de los momentos áulicos.
V. Instrumento: Observación en práctica clínica.
VI. Instrumento: Cuestionario a alumnos de tercer año de la carrera de enfermeros.
VII. Reglamento de enseñanza de la enfermería.
VIII. Marco conceptual de la escuela en estudio.
IX. Planilla de evaluación del proceso de atención de enfermería.
X. Cronograma de la Práctica Clínica (Practicanato).
XI. Planilla de evaluación de la actuación (Práctica Clínica).
XII. Observación del currículum oficial.
XIII. Transcripción de entrevistas grabadas a docentes.
XIV. Observación de prácticas clínicas – Entrevistas a alumnos de tercer año.
XV. Observación de exámenes finales.

Anexo I. Pauta de entrevista a docente

¿Participaste en la elaboración del currículum?
¿Puedes efectuar adecuaciones?
¿Cómo organizas el programa de la materia?
¿Cómo organizas los contenidos pertinentes a educación para la salud y/o educación para el autocuidado?

¿Cómo articulas esos contenidos teóricos con la práctica clínica y las prácticas intermedias?

¿Cómo evalúas los aspectos relacionados con el rol educador del enfermo en los momentos de actividades en el aula y en la práctica clínica?

¿En qué tema específico trabajaste el concepto de educación como contenido procedimental y conceptual?

Anexo II. Pautas entrevista al alumno

¿Cómo planificas el cuidado de tu paciente?

¿Cómo detectas la necesidad de aprendizaje del paciente?

¿Es importante para usted incorporar, en el cuidado del paciente, la educación para la salud?

¿Durante la carrera, consideras que el concepto de educación prevalece en el contenido áulico o en la práctica clínica?

¿En qué año de la carrera fue más trabajado el concepto de educación para la salud?

Anexo III. Observación de programa

Asignaturas: Historia de la enfermería
        Enfermería en la atención del adulto y del anciano
        Enfermería en la atención del niño, la mujer y el adolescente
    1) ¿Los programas están aprobados? SI NO
    2) ¿Quién los aprobó?

3) ¿Existen objetivos explícitos con respecto a educación para la salud y/o al concepto de educación para el autocuidado? ¿A qué nivel (información, conceptualización, transferencia)?

ASIGNATURA	I	C	T
HISTORIA DE LA ENFERMERÍA			
ENFERMERÍA EN LA ATENCIÓN DEL ADULTO Y DEL ANCIANO			
ENFERMERÍA EN LA ATENCIÓN DEL NIÑO, LA MUJER Y EL ADOLESCENTE			

4) ¿Se relaciona el contenido con el objetivo propuesto?

ASIGNATURA	SÍ	NO
HISTORIA DE LA ENFERMERÍA		
ENFERMERÍA EN LA ATENCIÓN DEL ADULTO Y DEL ANCIANO		
ENFERMERÍA EN LA ATENCIÓN DEL NIÑO, LA MUJER Y EL ADOLESCENTE		

5) ¿Existe en cada asignatura actividades intermedias que favorezcan la aplicación del contenido sobre educación para la salud y/o del concepto de educación para el autocuidado?

ASIGNATURA	SÍ	NO
HISTORIA DE LA ENFERMERÍA		
ENFERMERÍA EN LA ATENCIÓN DEL ADULTO Y DEL ANCIANO		
ENFERMERÍA EN LA ATENCIÓN DEL NIÑO, LA MUJER Y EL ADOLESCENTE		

6) ¿Qué nivel de conocimiento tienen (informativo, conceptual, transferencia)?

ASIGNATURA	I	C	T
HISTORIA DE LA ENFERMERÍA			
ENFERMERÍA EN LA ATENCIÓN DEL ADULTO Y DEL ANCIANO			
ENFERMERÍA EN LA ATENCIÓN DEL NIÑO, LA MUJER Y EL ADOLESCENTE			

7) ¿Existen objetivos implícitos o explícitos sobre educación para la salud y/o concepto de educación para el autocuidado en el programa?

ASIGNATURA	SÍ	NO
HISTORIA DE LA ENFERMERÍA		
ENFERMERÍA EN LA ATENCIÓN DEL ADULTO Y DEL ANCIANO		
ENFERMERÍA EN LA ATENCIÓN DEL NIÑO, LA MUJER Y EL ADOLESCENTE		

8) ¿Existe planeamiento de la práctica de terreno?

ASIGNATURA	SÍ	NO
HISTORIA DE LA ENFERMERÍA		
ENFERMERÍA EN LA ATENCIÓN DEL ADULTO Y DEL ANCIANO		
ENFERMERÍA EN LA ATENCIÓN DEL NIÑO, LA MUJER Y EL ADOLESCENTE		

9) ¿Cómo se indica la transferencia en los momentos de actividades en el aula y en la práctica en clínica los contenidos sobre educación para la salud y/o concepto de educación para el autocuidado?

ASIGNATURA	SÍ	NO
HISTORIA DE LA ENFERMERÍA		
ENFERMERÍA EN LA ATENCIÓN DEL ADULTO Y DEL ANCIANO		
ENFERMERÍA EN LA ATENCIÓN DEL NIÑO, LA MUJER Y EL ADOLESCENTE		

Anexo IV. Observación de los momentos de actividades en el aula

1. Se trabajan saberes previos del alumno sobre educación sanitaria y/o sobre el concepto de educación para el autocuidado.
2. Se relacionan e integran el contenido sobre educación sanitaria, y/o sobre el concepto de educación para el autocuidado dentro de las necesidades básicas, con otras disciplinas y con la práctica clínica.

3. Se trabajan contenidos conceptuales, procedimentales y actitudinales sobre educación sanitaria, y/o sobre el concepto de educación para el autocuidado de acuerdo a los objetivos.
4. Hay jerarquía conceptual sobre educación sanitaria, como parte del cuidado de enfermería.

a. Hay valoración en el tratamiento del contenido por parte del docente.
b. Se busca y se logra valoración por parte del alumno.
c. Se concretan conclusiones o cierres parciales.
d. Hay una práctica intermedia sobre el contenido dado.
e. Existe evaluación de esos contenidos.

Anexo V. Observación de las prácticas clínicas

En la recolección de los datos, se incluyen datos sobre necesidades de educación para la salud.

El alumno identificó espontáneamente o con guía de orientación las necesidades de aprendizaje del paciente.

Lo resolvió como parte del cuidado o como elemento aislado.

Se evalúa la transferencia de lo aprendido en lo teórico sobre necesidades de educación en el paciente durante la práctica clínica.

¿Recolecta datos?
¿Interpreta adecuadamente?
¿Planea?
¿Ejecuta?
¿Evalúa?

Anexo VI. Cuestionario alumnos que cursan tercer año de la carrera de enfermería

1) ¿Qué entiende por educar al paciente con relación a la salud?

2) ¿Considera parte del cuidado de enfermería la educación para la salud?

3) ¿Por qué?

4) ¿Qué aspectos tiene en cuenta para planear el cuidado de enfermería?

5) ¿Qué entiende por educar e informar?

6) ¿Durante la asignatura Historia de la Enfermería, usted considera que aprendió cómo detectar y resolver las necesidades de aprendizaje del paciente?

SI NO

7) Si su respuesta es afirmativa, ¿en qué etapa?

Teórica Actividades Intermedias Práctica Clínica

8) Durante la asignatura de enfermería en la atención del adulto y el anciano, ¿considera que aprendió a detectar y resolver las necesidades de aprendizaje en el paciente?

SI NO

9) Si su respuesta es afirmativa, ¿en qué etapa?

TEÓRICA	ACTIVIDADES INTERMEDIAS	PRÁCTICA CLÍNICA

10) Durante la asignatura Enfermería en la atención de la mujer, el niño y el adolescente, ¿usted considera que aprendió a detectar y resolver las necesidades del paciente?

SI NO

11) Si su respuesta es afirmativa, ¿en qué etapa?

Teórica Actividades Intermedias Práctica Clínica

12) ¿Usted trabaja en enfermería?

SI NO

13) Si su respuesta es afirmativa, ¿usted aplica todo lo aprendido?

SI NO

14) Si su respuesta es afirmativa, ¿de qué forma lo hace?

INCIDENTAL	PROGRAMADA

15) Si su respuesta es negativa, ¿por qué no incluye la educación para la salud dentro de los cuidados de enfermería?

16) ¿La institución considera la educación sanitaria y/o concepto de educación para el autocuidado como parte del cuidado de enfermería?

SI NO

Este libro se terminó de imprimir en febrero de 2016 en Imprenta Dorrego (Dorrego 1102, CABA).